策事 商志譚
編著 謝光輝 劉春喜

商衍鎏 商承祚 藏朱次琦康有爲信翰

文物出版社

封面設計：張希廣
責任編輯：張　瑋
責任印製：陸　聯

圖書在版編目（CIP）數據

商衍鎏商承祚藏朱次琦康有爲信翰/謝光輝，劉春喜編.—北京：文物出版社，2008.6
ISBN 978-7-5010-2401-8

Ⅰ.商…　Ⅱ.①谢…②刘…　Ⅲ.①朱次琦（1807～1881）－书信集②康有为（1858～1927）－书信集　Ⅳ.K825.1

中國版本圖書館CIP數據核字（2008）第055375號

商衍鎏商承祚藏
朱次琦康有爲信翰
謝光輝　劉春喜　編著
*
文物出版社出版發行
北京東直門内北小街2號樓
http://www.wenwu.com
E-mail:web@wenwu.com
北京文博利奥印刷有限公司製版
文物出版社印刷廠印刷
新　華　書　店　經　銷
787×1092　1/8　印張：11
2008年6月第1版　2008年6月第1次印刷
ISBN 978-7-5010-2401-8　定價：76.00圓

商氏父子合影

（1961年，左为商衍鎏先生、右为商承祚先生）

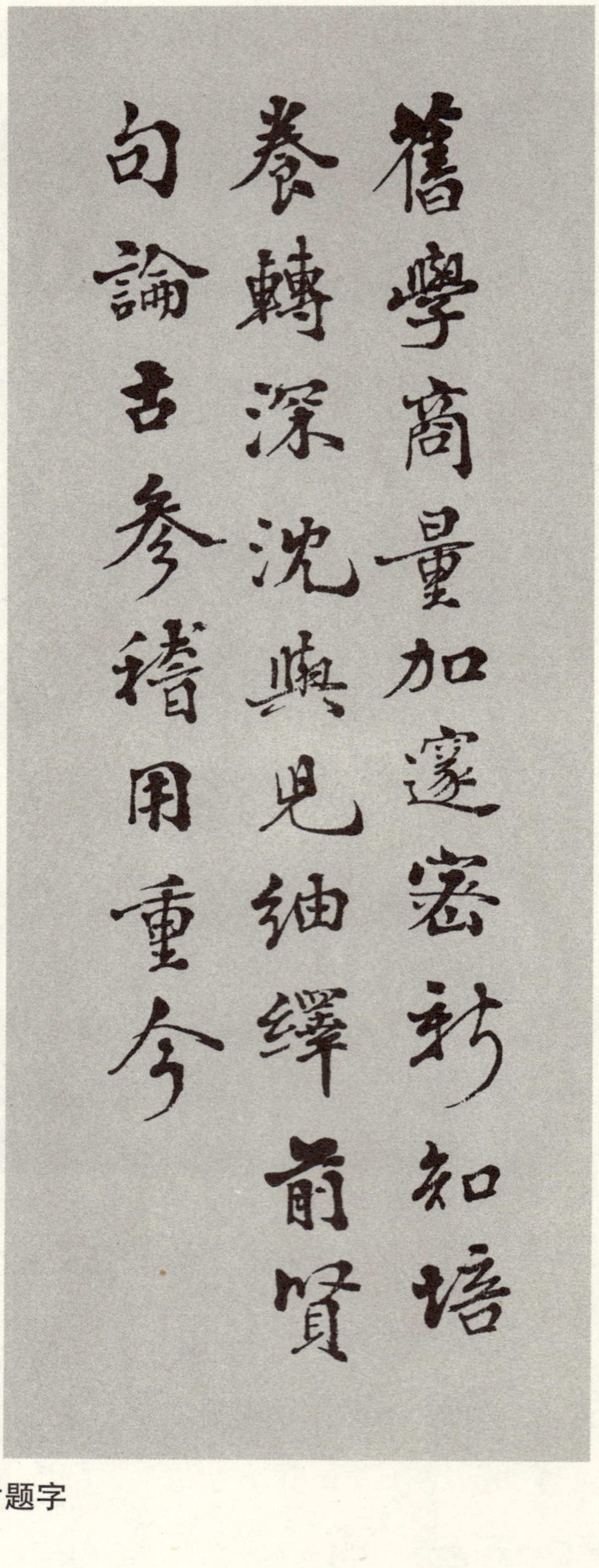
舊學商量加邃密新知培
養轉深沈與見紬繹前賢
句論古參稽用重今

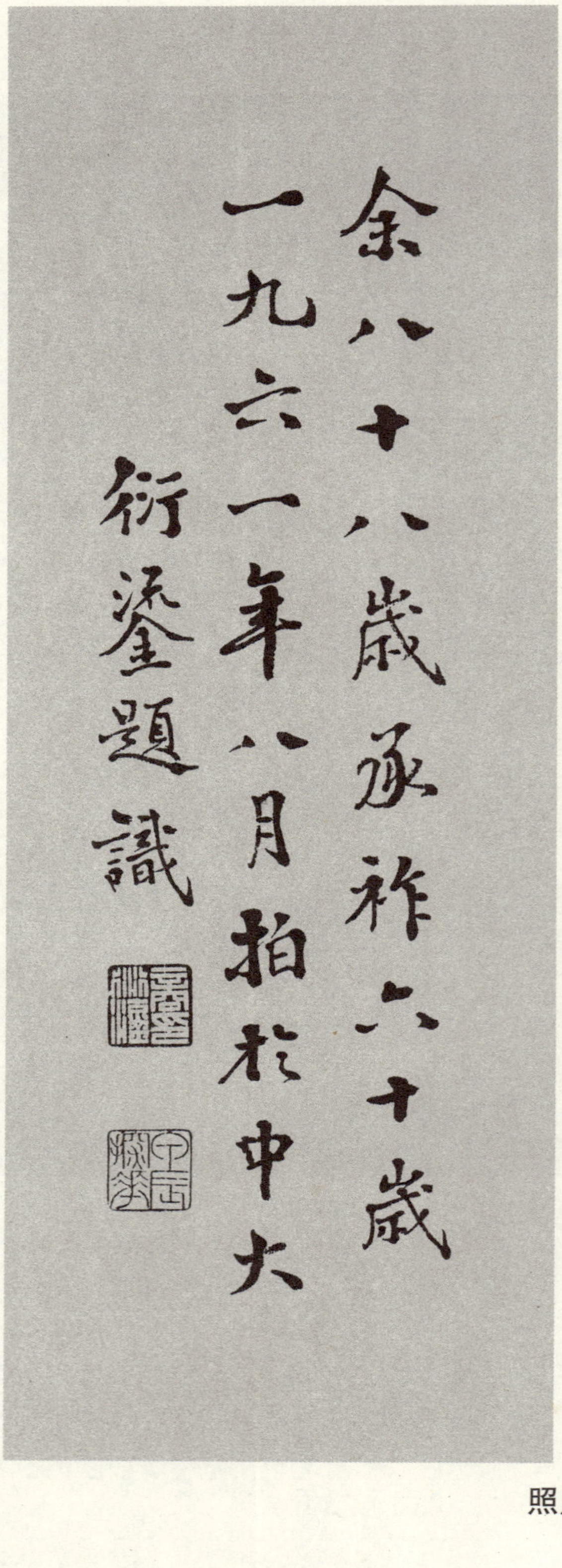
余八十八歲承祚六十歲
一九六一年八月拍於中大
衍鎏題識

照片题字

目録

朱次琦及其他

朱次琦（一八〇七至一八八二），廣東南海人。字稚圭，一字子襄，號浩虔，因講學鄉里九江禮山下，尊稱九江先生，或簡稱朱九江。生於清嘉慶十二年。道光二十七年（一八四七年）丁未進士（二甲第一百十四名），咸豐二年（一八五二年）令山西襄陵縣百九十日，政化大行，邑人立碑記頌。去職四月，民衆復感恩德，築祠供奉，以志不忘。

後次琦引疾，南歸故里，於九江設禮山學堂講學，垂廿餘載。書載：九江博聞強記，授課時不挾一卷，而徵引群書，貫穿風誦，不遺隻字，學子聽錄，即可成書，今見有《禮山講義》。錫永先生曾藏次琦批註《四書講義》，見其一《大學篇》，原文僅一千六百字，而眉批則逾萬，引書者達三十餘種[1]，果如斯言。

其講學主旨：無分漢宋，以宋學爲歸，褒揚朱熹，言『使孔子之道，大著天下，皆朱子之功』，尊其爲『百世之師』。言義理，崇孝悌，尚名節，斥乾嘉考據，黜陽明王學，尊經重史，復倡孔子之道，主張修身講書，故言『四行』、『五學』，『讀書以明理，明理以處事；先以治其身心，隨而應天下國家之用』。這種明理達聞、經世致用，其目的，用康有爲說其師『以經世救民爲歸』[2]，對後世影響極大。其弟子康有爲亦說從經史，大發求仁之義，以學救中國之法，尊孔教，言以經治用，倡孔子改制，爲維新變法奠定理論基礎。梁啟超說康氏『其理學政學之基礎，皆得諸九江』[3]，錢穆亦是說[4]。此外梁啟超亦倡通經致用爲本，言孔學，與其師康有爲一起領導維新活動，並稱『康梁』。九江另有二弟子，簡朝亮雖終身著書教學，治經述疏，維護程朱理學。法古傳承，志行高潔，略似其師，然其弟子黃節、鄧實卻沿襲『經世致用』之路，創辦《國粹學報》，讀經重史，啓迪民智，喚醒民心，宣傳反清思想；而同治狀元梁燿樞的哲學思想，近期有考證，言也影響了金田起義領袖、太平天國的洪秀全，以及民主革命的先驅者孫中山。

咸豐同治年代，社會開始動蕩，矛盾日趨尖銳，清廷爲安定社會，同治晚年，科舉考試，其考試內容多以『通經致用』爲主體，嘗云『通經致用，爲化民成俗之本』（廿七年上諭），『四經之學不在尋常摘句，要爲其用者以教育士子』（道光廿一年上諭）。朱次琦在這種背景下提出的『通經致用』，因勢制宜，盡事適今，以復歸重申孔子之學，發揮朱熹理學，以明理達聞、學以致用爲目的，倡提實學，反對空疏，明發義理，喚醒世人，開創九江學派。從朱九江到康南海再至黃晦聞，皆尊孔子，崇朱熹，藉古籍經史大義，牖啓民慧，救亡圖強，或宣揚維新，推行改良，或倡導革命，推翻舊制，代表了一種嶄新的學術思潮，在近代思想史上，產生廣泛的影響。

九江先生博極群書，金石書畫，罔不窮究。生平著作衆多。今見其名者，計有《國朝學案》、《國朝名臣言行錄》、《國朝逸民傳》凡百卷，《性學源流》、《五史實徵錄》、《晉乘》、《蒙古聞見》

各十卷許及詩文集數十卷，晚歲皆自焚。推測文中不免借古諷今，以史鑒今，『嘗陳時病，力辟其非』[5]，懼致身後滅門之禍。今僅存有《朱氏傳芳集》五卷及《是女師齋詩集》、《大雅堂詩集》、《燼餘集》、《橐中集》各一卷，撰定《南海九江朱氏家譜》十二卷。去世後門人簡朝亮等將其師遺詩佚文集成《朱九江先生集》十卷，并撰《（朱次琦）年譜》一卷，列于卷首。因而不見其專門的經學著作，簡朝亮雖云：『先生之書未傳于人，而先生之行，人固得而見聞矣』，只能由其弟子或回憶、或記述其師論學之道，而『未及傳者文字』，只能間接從其經史敘述，加以研究，終是遺憾。近期在整理商錫永先生贈送給中山大學圖書館的藏書中，發現一部十二冊的雍正八年銅字版印刷、由大末翁復主講、以朱熹集注爲底本的《四書講義》[6]，其眉批有朱次琦用蠅頭小楷書寫的評註，全文約達十萬字。朱次琦親筆恭正書寫的經書能遺留至今，實屬罕見。這本朱批著作的面世，將對朱九江學術思想的了解和研究，會有極大的幫助，今將其影印一二，以饗同好。

此次發表的還有朱次琦未完成之殿試試卷，簡朝亮記述此事，『及廷試，方日昳，主試遽趣，卷試者乞緩，或揖之』。『先生以屈節，非士也』，『卷未完呈之而出』[7]，即此試卷。此殿試未完卷，他以『安邦治國平天下』爲策題，提出四項觀點：（一）通經立教，必闡發義理，反對空疏；（二）『導民之本，教化爲先，爲治之本』，而『教化實風俗之原』；（三）發展生産，強調『積貯』，平糶救荒以安民；（四）『安民必先弭盜，莫如保甲』。因其策問答卷極佳，爲丁未科殿試讀卷大臣大學士寶典、協辦大學士吏部尚書陳官俊等所選中，雖未完之試卷，亦定爲三甲第一百一十四名，在清代科舉中，亦屬稀見[8]。此種所言安邦治國之道，其後在任襄陵令時多已實行，而『學以致用』更爲其後治經之本。此試卷在民初流出京都，溫肅得之，攜回廣東，後於一九三〇年影印出版，現藏中山大學圖書館。觀此試卷，次琦年三十三歲時以恭整之館閣體書寫，清雄圓渾，沈着端重，卓有植根顏體之風範。

康有爲言先師『於書道用工至深，其書導源於平原（顏真卿），蹀躞於歐（陽詢）、虞（世南），而別出新意。相（李）斯所謂鷹隼攫搏，握拳透爪，超越陷阱，有虎變而百獸跧氣象』[9]。爲後學者公認。又言『九江先生不爲人書，世罕見之』。今論者亦嘗言之。近人統計，粵港地區見朱次琦書品，刪去可疑，約四十七件，其中大件軸聯八件，他爲詩稿筆記、文章評論、書翰箋札等[10]，今見其傳世之書作，九江書法多力豐筋、勁健俊拔，瀟灑絕倫，書品骨氣遒勁，神穎出於自然，墨趣天成。

先是光緒六年六月兩廣總督張樹聲、廣東巡撫裕寬以朱次琦『耆年碩德』，特疏奏薦清廷量予褒揚。七年七月癸亥（初三，即七月二十七日）得上諭：該員『通經學道』，『學行純篤，足以矜式士民』等語，恩賜朱次琦五品卿銜。是年十二月丁丑（十九）日，即公元一八八二年二月七日先生逝世於家鄉，享年七十五歲。

① 翁復主講朱次琦批註《四書集注》

② 康有爲《朱九江先生佚文序》

③ 梁啟超《康有爲傳》

④ 錢穆《中國近三百年學術史》

⑤⑦ 簡朝亮《（朱九江）年譜》

⑥ 大末縣，秦初置縣。清名龍游縣，屬浙江衢州府。翁復，約生於康乾年間，僅知其字克夫，室名酌雅齋，清龍游縣人。此書全名《四書集注合講》，其他待考。

⑧ 是科三甲共錄取一百一十八名，實倒第五名。丁未科殿試讀卷官共八名，依次爲：大學士寶典、協辦大學士吏部尚書陳官俊、禮部尚書魏元烺、吏部左侍郎季芝昌、禮部右侍郎吳鍾駿、兵部右侍郎朱鳳標、內閣學士黃琮、李嘉端（引自《宣宗實錄》卷五百三十九頁）

⑨ 康有爲《廣藝舟雙楫・行草》

⑩ 朱萬章編《廣東傳世書跡知見錄》第一〇六—一〇九頁，天津人民美術出版社，二〇〇三年。

朱次琦畫像

（選自葉衍蘭、葉恭綽編《清代學者像傳》
上海書店出版社、二〇〇一年五月。）

康有爲及它籍

康有爲（一八五八年至一九二七年，清咸豐八年至民國十六年），廣東南海人，字廣廈，一字更生，號長素，另署西樵山人等，應試用名祖詒。光緒二十一年（一八九五年）乙未科進士。早年受業名儒南海朱次琦，赴京應試時，曾於光緒十四年（一八八八年）上書皇帝，建議變法圖存，未能上達。後在廣州萬木草堂授徒講學，倡今文經學，鼓吹孔子托古改制，言揚學經讀史，變法改良，以求救中國之法。光緒二十一年偕弟子梁啟超等赴京會試，時將簽訂『馬關條約』，遂與各省入京應試舉子千餘人上書，要求拒簽條約，遷都抗倭，變法圖強，史稱『公車上書』。同年中進士[1]，未散馆即授工部主事[2]。在京師創『強學會』，編《中外紀聞》，復在滬地出版《強學報》，鼓吹變法維新。二十四年（一八九八年）成立『保國會』，大力鼓吹維新變法，聲名鵲起。經翁同龢张蔭桓等力薦，得光緒帝召見，授總理衙門章京，促成『百日維新』。變法失敗，流亡日本，經三十一國考查各國政教，然保皇立場不變，成立『保皇會』，反對民主革命。辛亥革命後，赴上海主編《不忍》雜志，成立孔教會并任會長，宣揚尊孔復辟。民國六年（一九一七年），參與張勳復辟，失敗，聲名狼藉，結束了其政治生涯。民國十六年病逝于青島。

康南海學問廣博，著書立說，富有創見，主要代表作有《大同書》、《孔子改制考》、《新學僞經考》；注經著有《論語注》、《中庸注》、《孟子微》、《春秋董氏學》等。在書壇上別樹一幟，早年從朱九江學顔體，以唐楷爲基礎，中年後在京多得北魏六朝碑版，納新求變，融合貫通，書法爲之開張縱横而大氣磅礴，逸氣淋漓，瀟灑自然，另創『康體』書法風格。其著《廣藝舟雙楫》，主力魏碑而非唐碑帖學，在書法上主張不泥于漢唐體勢，公開強調『變』，提出『開新勝守舊』，認爲『人心趨變，書法變亦不可阻擋』，確是令當時書壇爲之震駭莫名；當然因其偏激觀點，乃至矯枉過正之言，尤其是尊魏卑唐之說，受到世人的評論。商衍鎏先生謂：『夜閱《廣藝舟雙楫》，見其論漢瓦處，頗多錯誤。余學問譾陋。其餘謬誤淺略者，想尚不止此，無怪識者，詔其書之陋也』[3]。商錫永先生於重慶得一唐碑舊拓片，爲唐開元十九年之物，其在《千秋亭記》題言：『康有爲自詡宗魏，遂有尊魏卑唐之論。今見此，知康書所自。從第三行酌酒二字，可概其餘。師魏之說誇誕大言，遂被揭破，可謂其愚不可及也』[4]。這是康氏將書壇學術變爲其政治投影的一大敗點。著名書法家沙孟海曾評言：康南海于這一時代的書法理論有過相當大的貢獻[5]。所言極是。在清代晚年，正處於變革時代，人心思變，成爲一時潮流。因而此書面世，即受到當時青年學者的擁護，無不奉之圭臬，雖然被清廷列爲禁書，并明令毁版查禁，然短短七年印刷達十八次；流傳東瀛，又翻印六次。總之康有爲在書法實踐上，頗有建樹，自成『康派』，不失爲一代大家。

①《康南海自編年譜》自云：乙未科中進士，爲二甲第四十八名。查《明清進士題名錄》，是科二甲四十八名爲山西文水人成連增，二甲第四十六名为广西平南人李园材，《清代七百名人傳》又言康氏爲李文田抑置三甲，然三甲進士錄亦未見其名。其詳情见後。

②③《藻亭日記》庚戌（一九一〇）年二月廿七日記。

④ 評見本書附（二）

⑤ 沙孟海《清代書法概説》，《沙孟海論書文集》，上海書畫出版社，一九九七年。

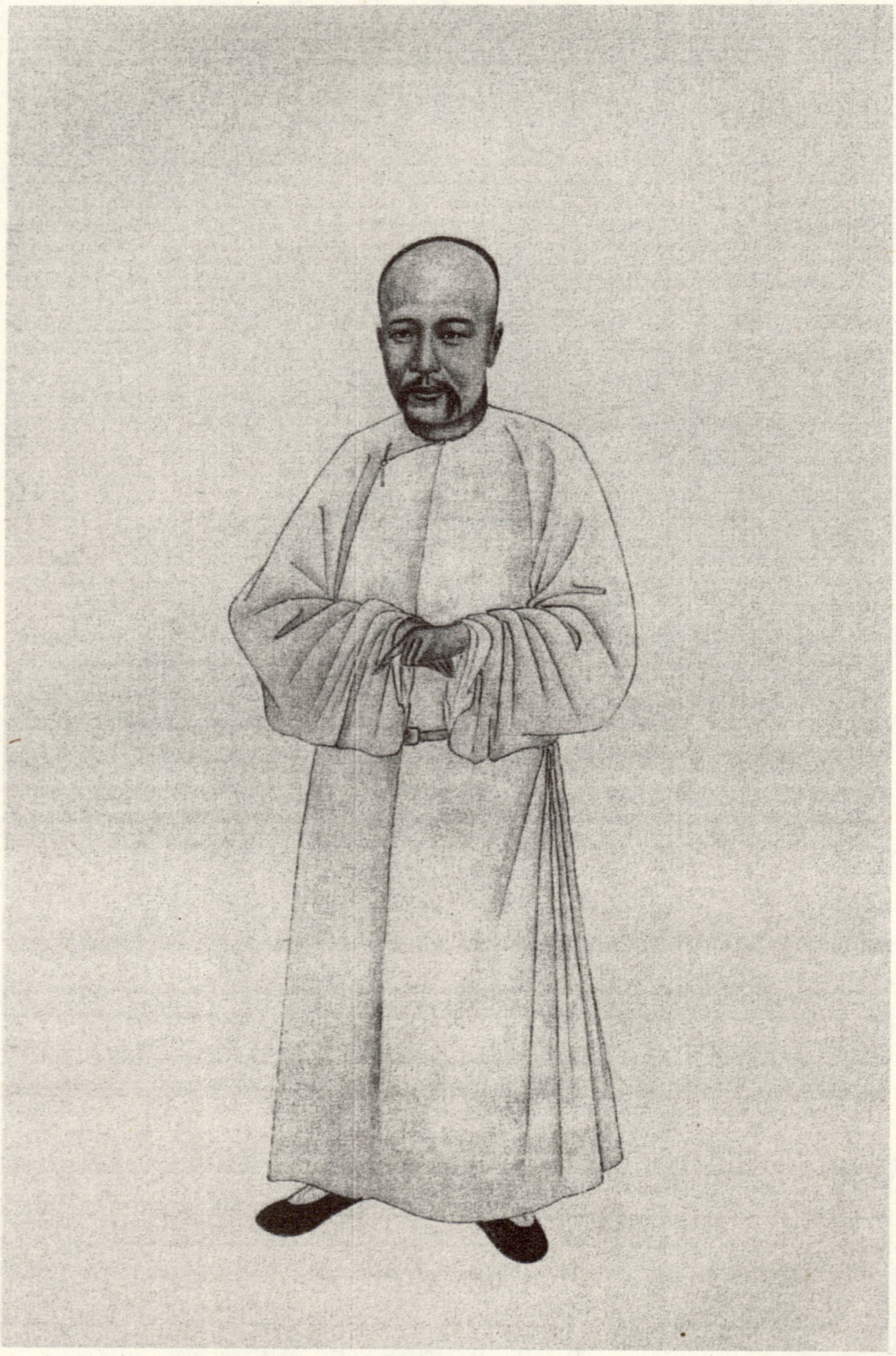

康有爲畫像

（選自葉衍蘭、葉恭綽編《清代學者像傳》
上海書店出版社、二〇〇一年五月。）

朱次琦信函十六通

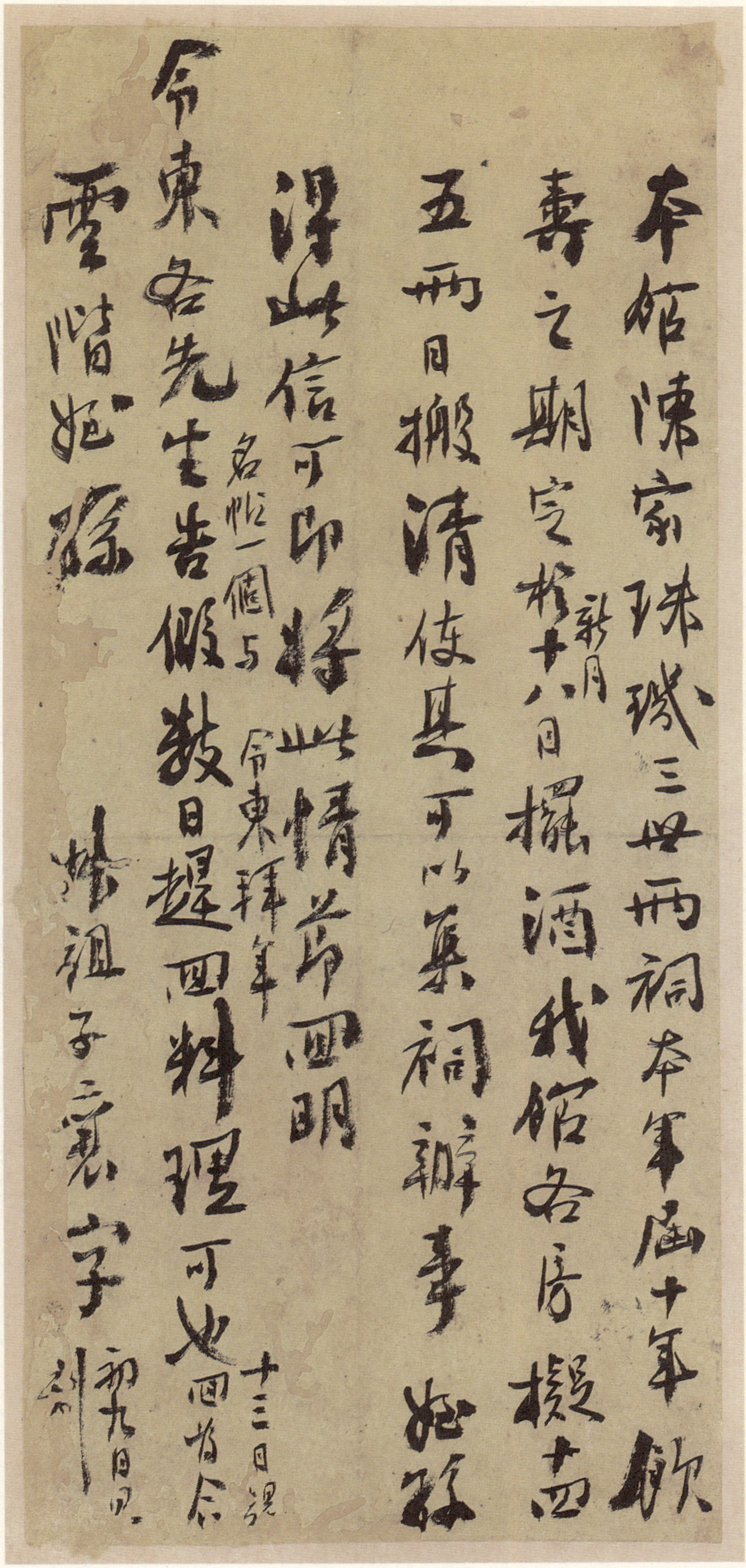

信函之一

本館陳家珠璣三世兩祠本年届十年飲壽之期，定於（新月）十八日擺酒。我館各房擬十四五兩日搬清，使其可以集祠辦事。姪孫得此信，可即將此情節回明令東各先生（名帖一個，與令東拜年），告假數日，趕回料理可也（十三日親回為合）。

雲階姪孫。

叔祖子襄字，初九日早刻。

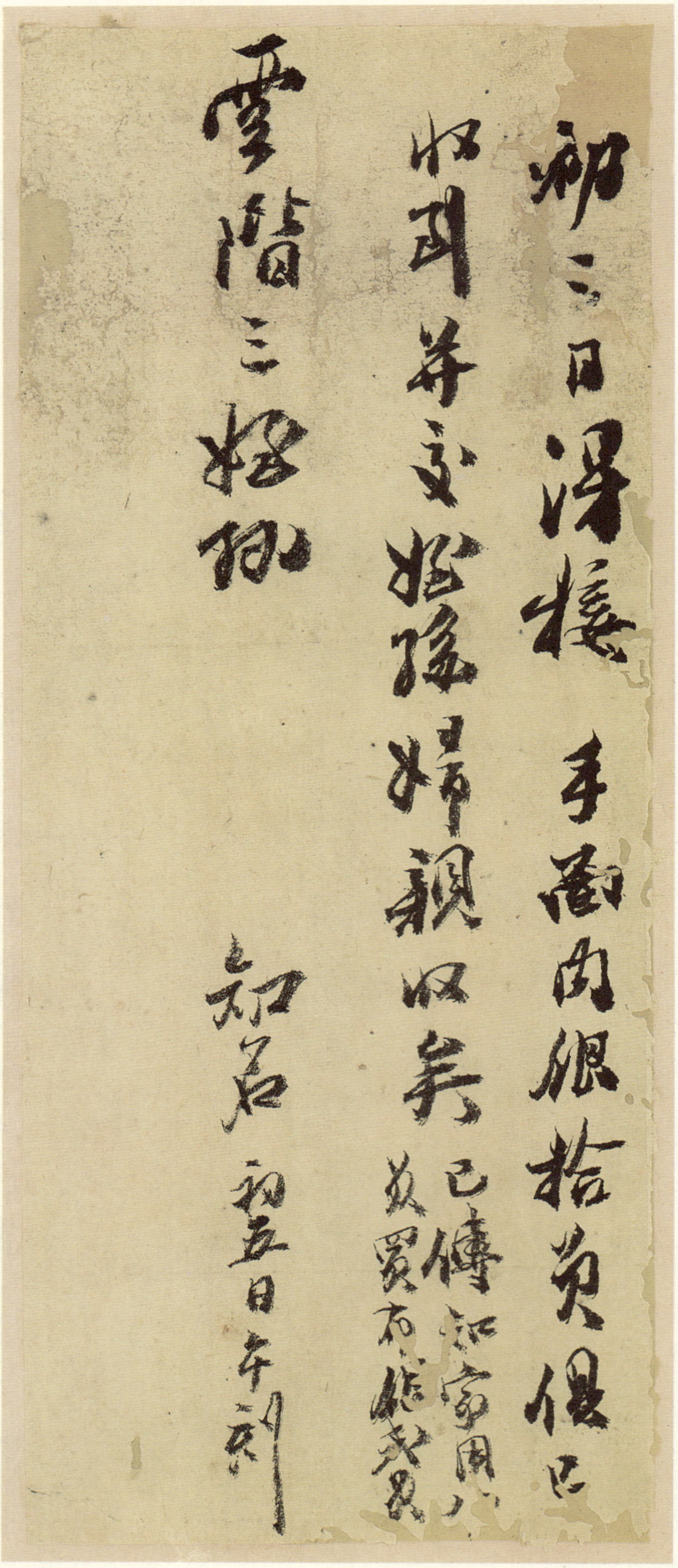

初二日得接手函内銀拾員俱已收到並交姪孫婦親收矣已傳知家用八員買布錢貳員
知名 初五日午刻
雲階三姪孫

信函之二

初二日得接手函，内銀拾員俱已收到，並交姪孫婦親收矣（已傳知家用八員，買布錢貳員）。

雲階三姪孫。

知名，初五日午刻。

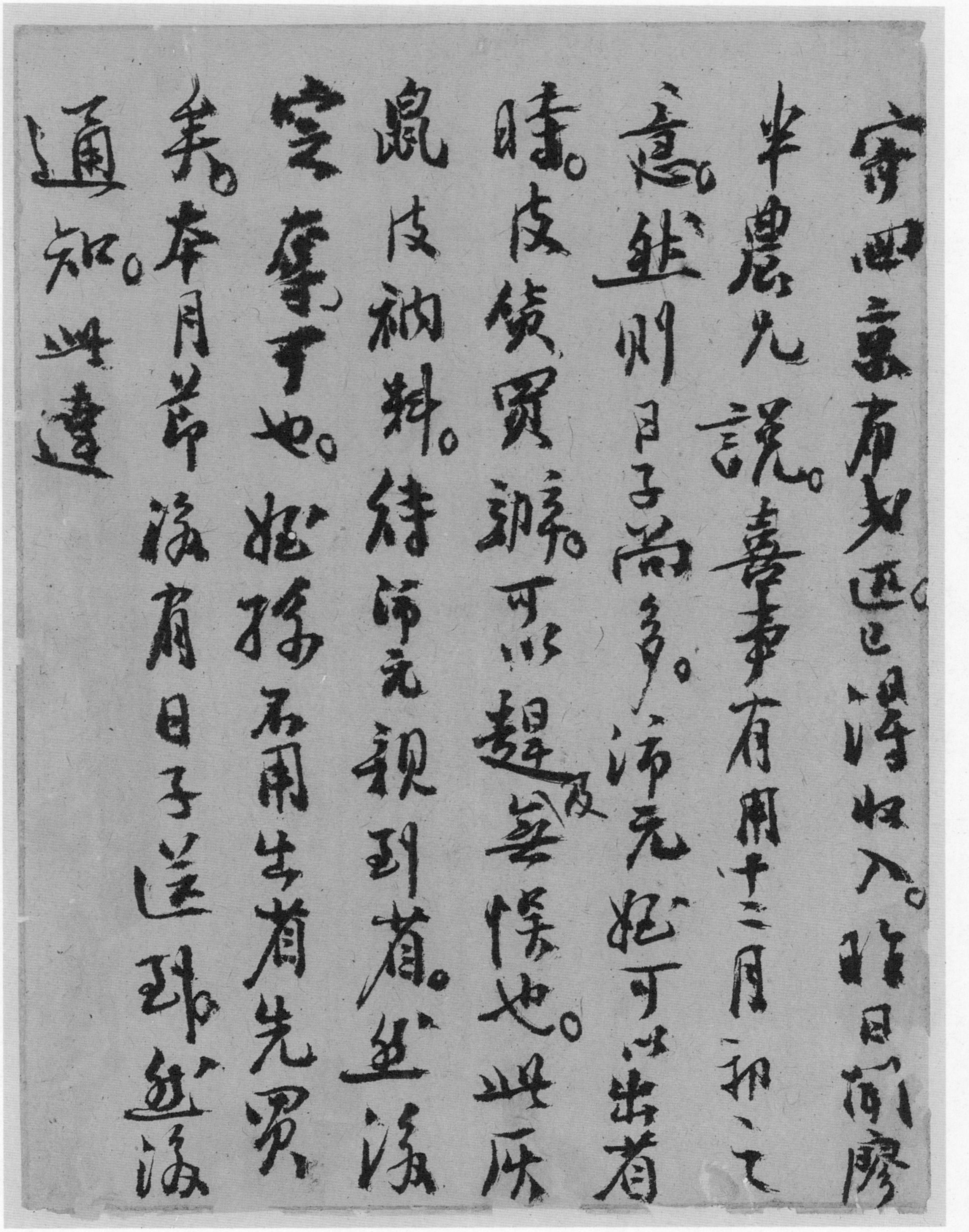

信函之三

寄回京布貳匹，已得收入。昨日聞廖半農兄說，喜事有用十二月初之意。然則日子尚多。沛元姪可以出省時，皮貨買辦，可以趕及無誤也。此灰鼠皮衲料，待沛元親到省，然後定奪可也。姪孫不用出省先買矣。本月節後有日子送到，然後通知。此達

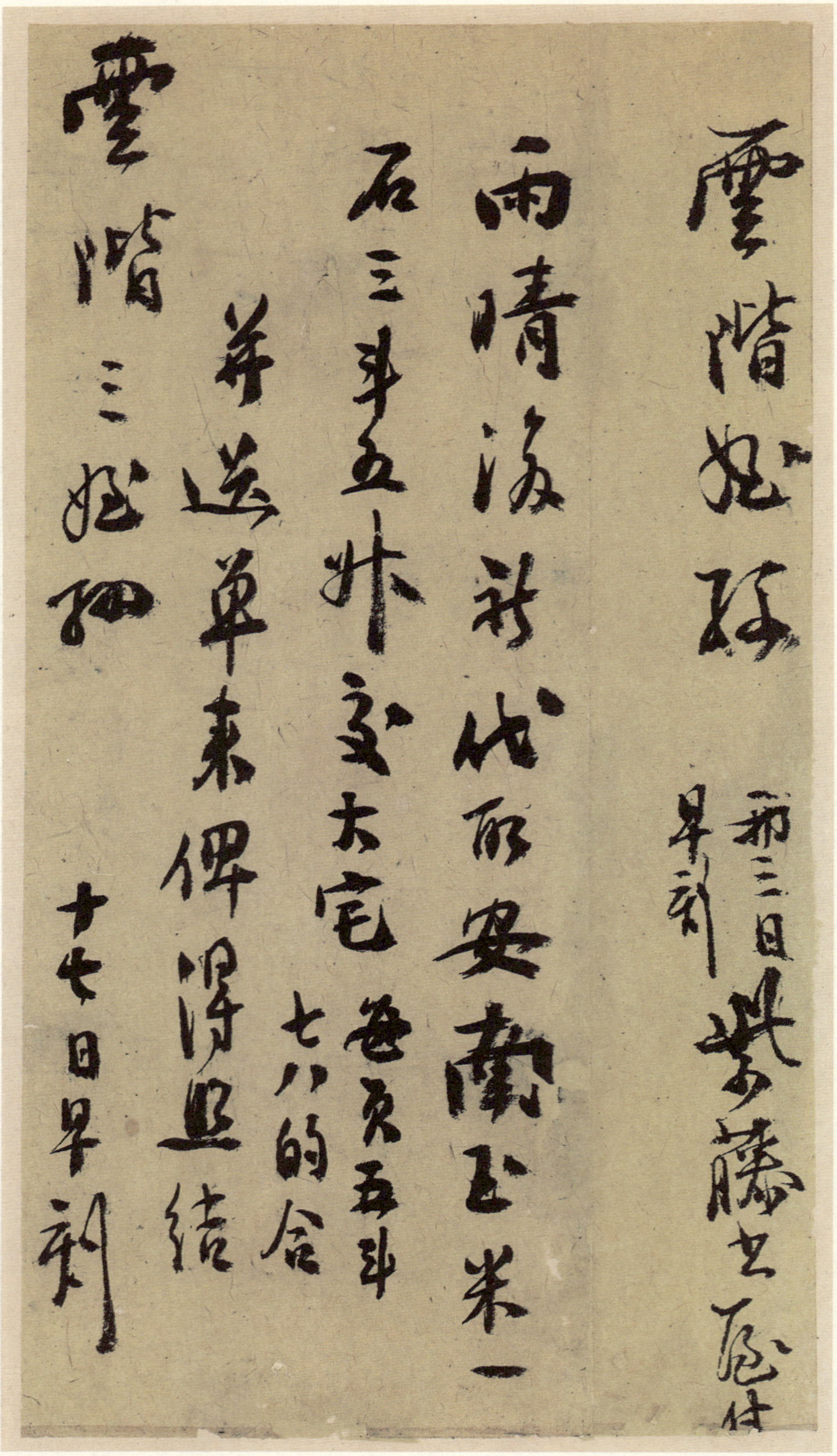

雲階姪孫。

初三日早刻，紫藤書屋付。

信函之四

雨晴後，新代取安南玉米一石三斗五升交大宅（每員五斗七八的合），并送單來，俾得照結。

雲階三姪孫。

十七日早刻。

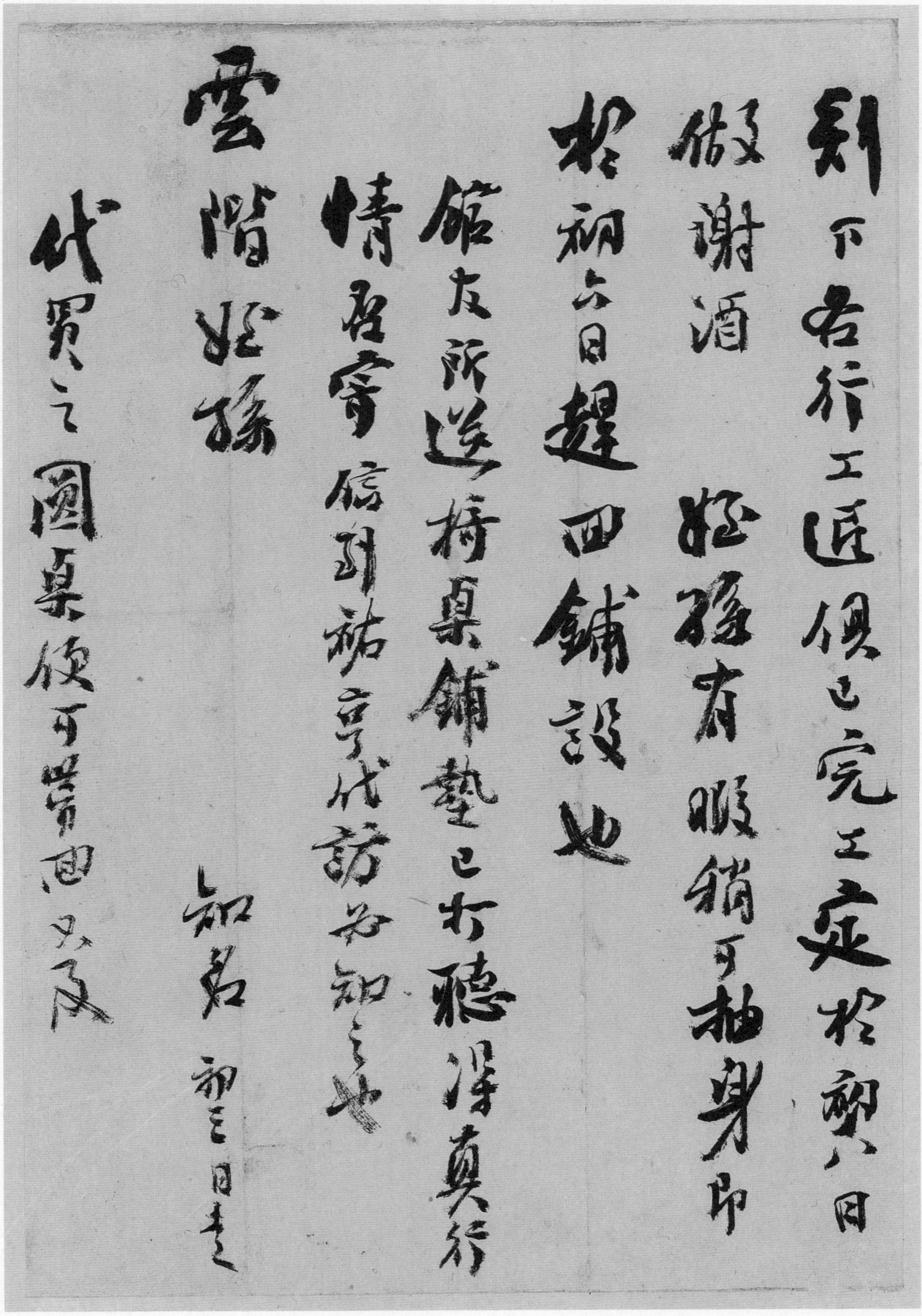

信函之五

刻下各行工匠俱已完工，定於初八日做謝酒。　姪孫有暇稍可抽身，即於初六日趕回鋪設也。

館友所送椅桌鋪墊，已打聽得真行情否？寄信到祐亨代訪，必知之也。

雲階姪孫。

知名，初三日書。

代買之圓桌便可帶回，又及。

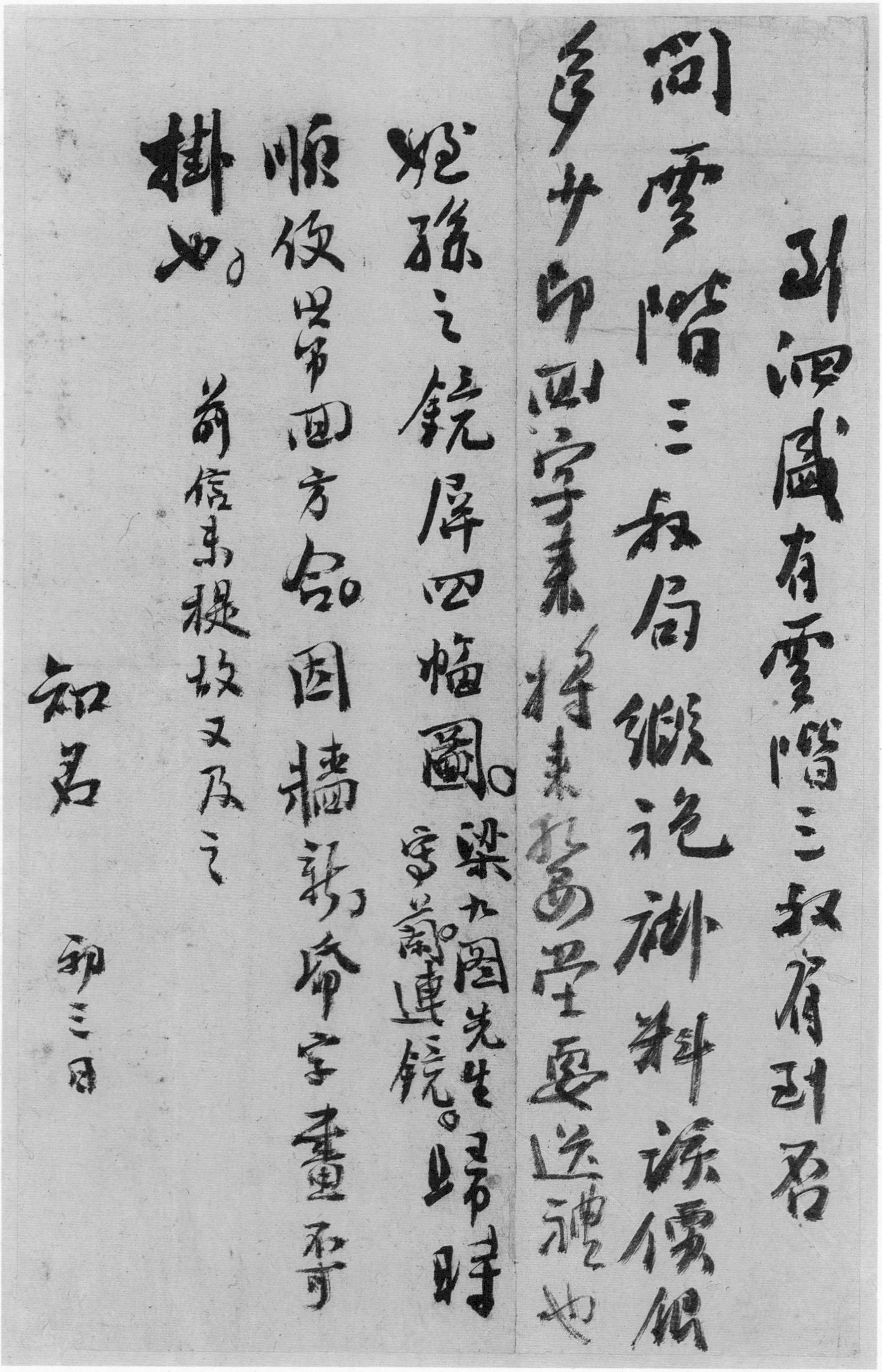

信函之六

到泗盛有雲階三叔，有到否？問雲階三叔，局緞袍褂料該價銀多少，即回字來，將來孔安堂要送禮也。

信函之七

姪孫之鏡屏四幅圖（梁九圖先生寫蘭連鏡），歸時順便帶回方合。因牆新，紙字畫不可掛也（前信未提，故又及之）。

知名，初三日。

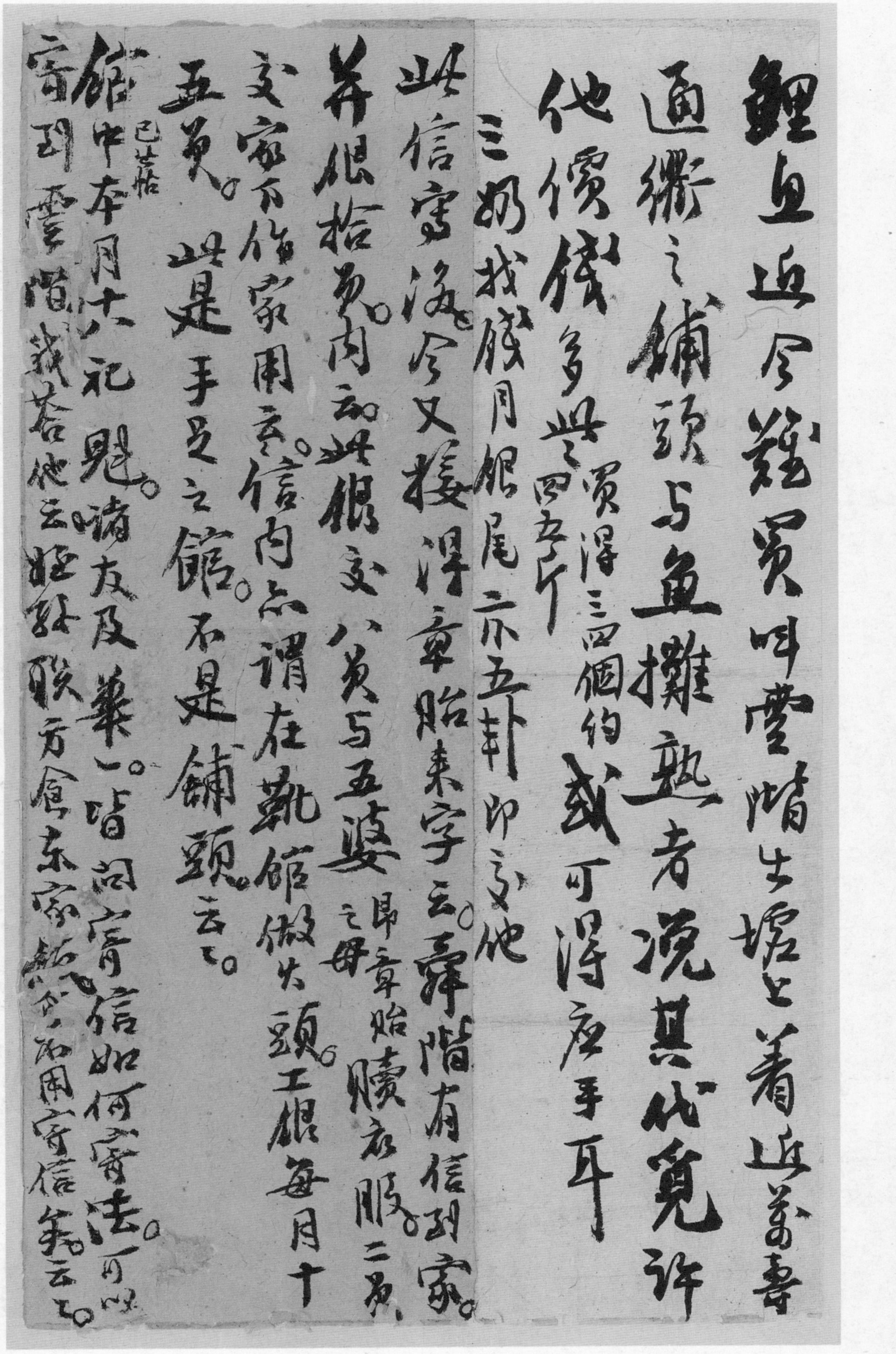

鯉魚近今難買，叫雲階出墟上，着近萬壽
通衢之鋪頭，與魚攤熟者，挽其代覓，許
他價錢多些（買得三、四個，約四、五斤），或可得應手耳。
三奶找錢，月銀尾二分五釐，即交他。
此信寫後，今又接得章貽來字，云舜階有信到家，
并銀拾員。內云此銀交八員與五婆（即章貽之母）贖衣服，二員
交家下作家用云云。信內亦謂在靴館做火頭，工銀每月十
五員。此是手足之館，不是鋪頭，云云。
館中本月十八祀魁（已出帖），諸友及華一，皆問寄信如何寄法，可以
寄到雲階。我答他云：姪孫聯方食東家飯，口不用寄信矣，云云。

信函之八

鯉魚近今難買，叫雲階出墟上，着近萬壽通衢之鋪頭，與魚攤熟者，挽其代覓，許他價錢多些（買得三、四個，約四、五斤），或可得應手耳。三奶找錢，月銀尾二分五釐，即交他。

信函之九

此信寫後，今又接得章貽來字，云舜階有信到家，并銀拾員。內云此銀交八員與五婆（即章貽之母）贖衣服，二員交家下作家用云云。信內亦謂在靴館做火頭，工銀每月十五員。此是手足之館，不是鋪頭，云云。館中本月十八祀魁（已出帖），諸友及華一，皆問寄信如何寄法，可以寄到雲階。我答他云：姪孫聯方食東家飯，口不用寄信矣，云云。

信函之十

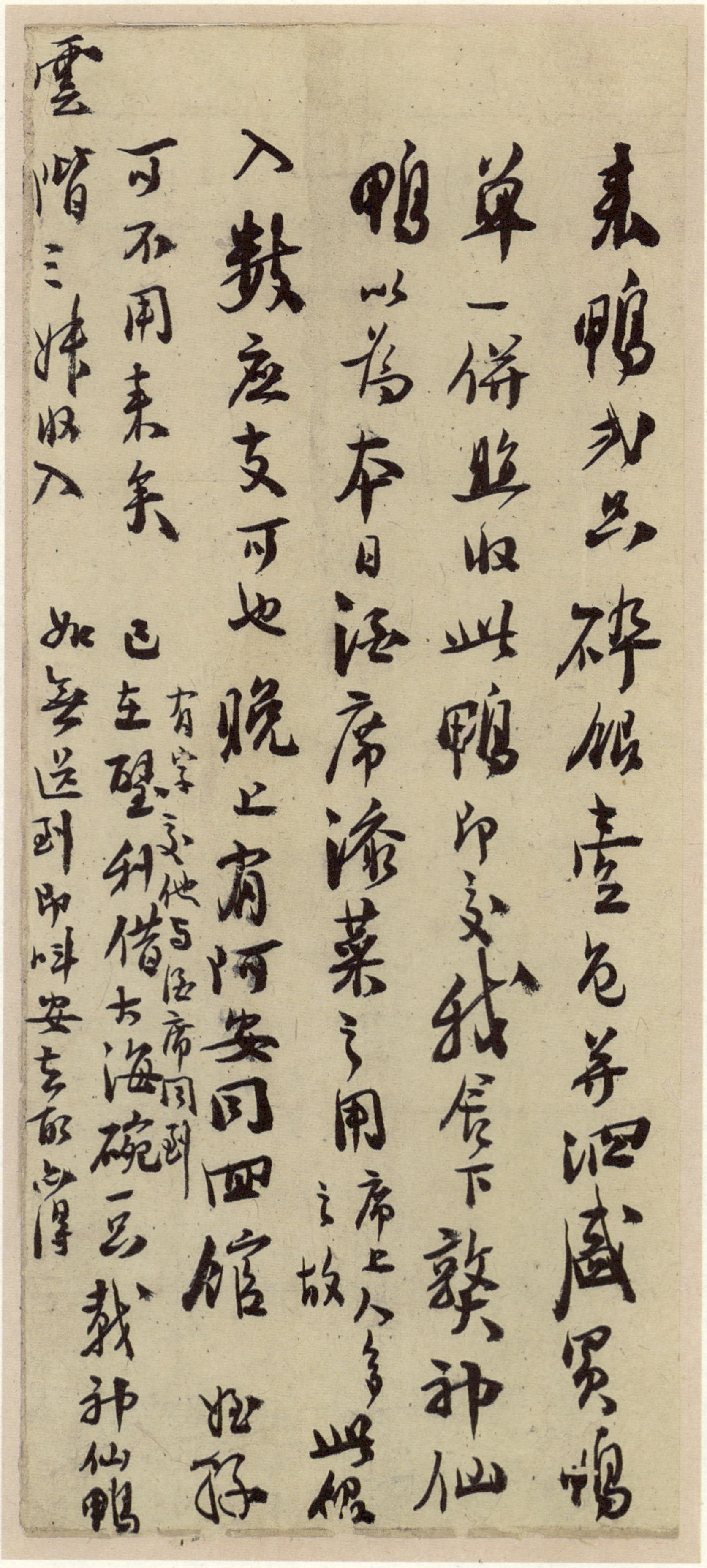

來鴨貳只，碎銀壹包，并泗盛買鴨單，一併照收。此鴨即交我舍下燉神仙鴨，以為本日酒席添菜之用（席上人多之故）。此銀入數應支可也。晚上有阿安同回館，姪孫可不用來矣（有字交他與酒席同到）已在璧利借大海碗一只載神仙鴨。如無送到，即叫安去取亦得。

雲階三叔收入。

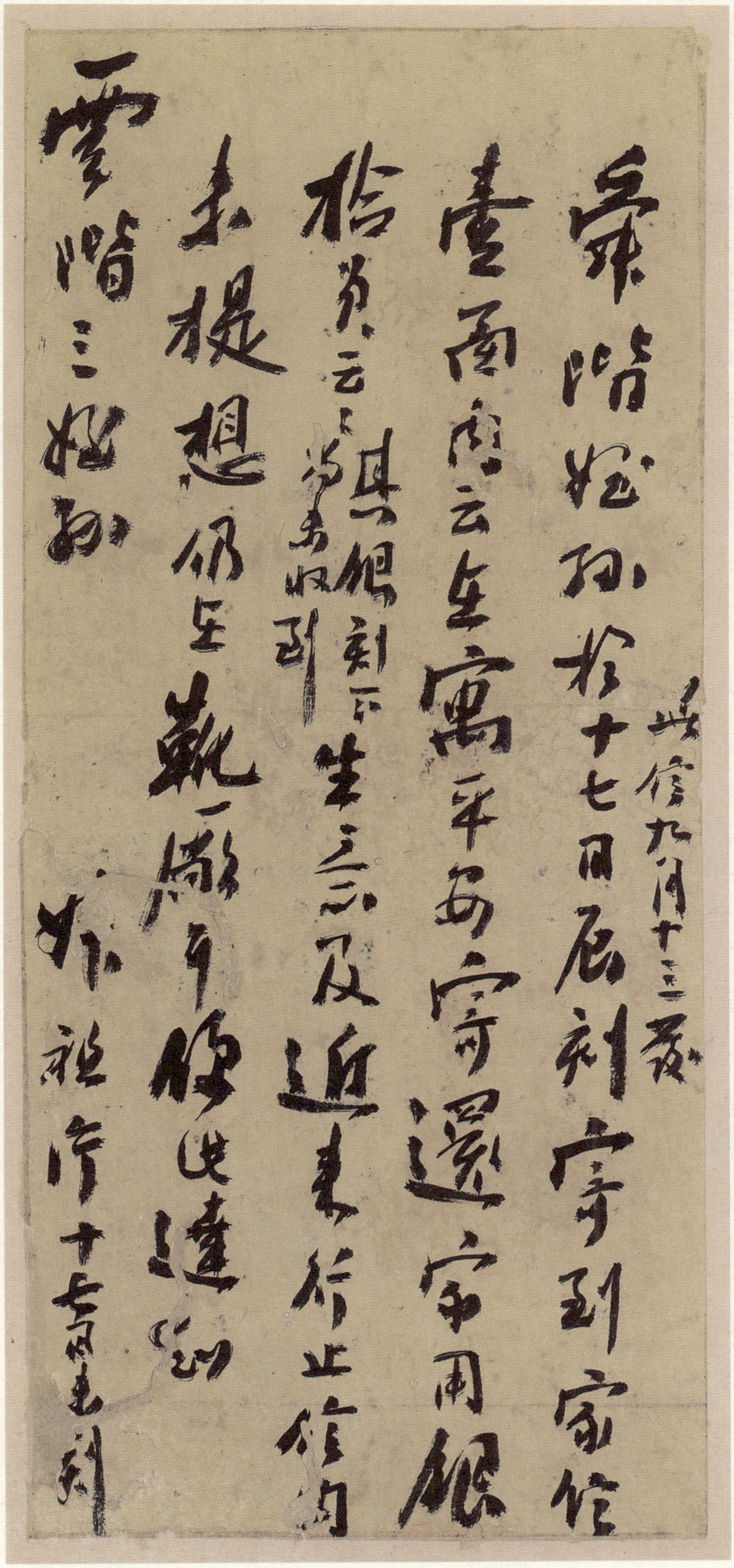

信函之十一

舜階姪孫於十七日辰刻寄到家信壹函（此信九月十三發），內云在寓平安，寄還家用銀拾員，云云（其銀刻下尚未收到）。生意及近來行止，信內未提，想仍在靴廠耳。便此達知。

雲階三姪孫。

叔祖片，十七日未刻。

信函之十二

雲階姪孫：（陳村海味店有江瑤柱，買斤餘，於還家時帶回。）
初六日寄回各物均已收覽。近來數日，痰患轉清，特精神胃氣，尚未復舊，大段已不用禁口。
華一婿送回多物，甚覺費心。有札到省，口知收到可也。　初九日片。

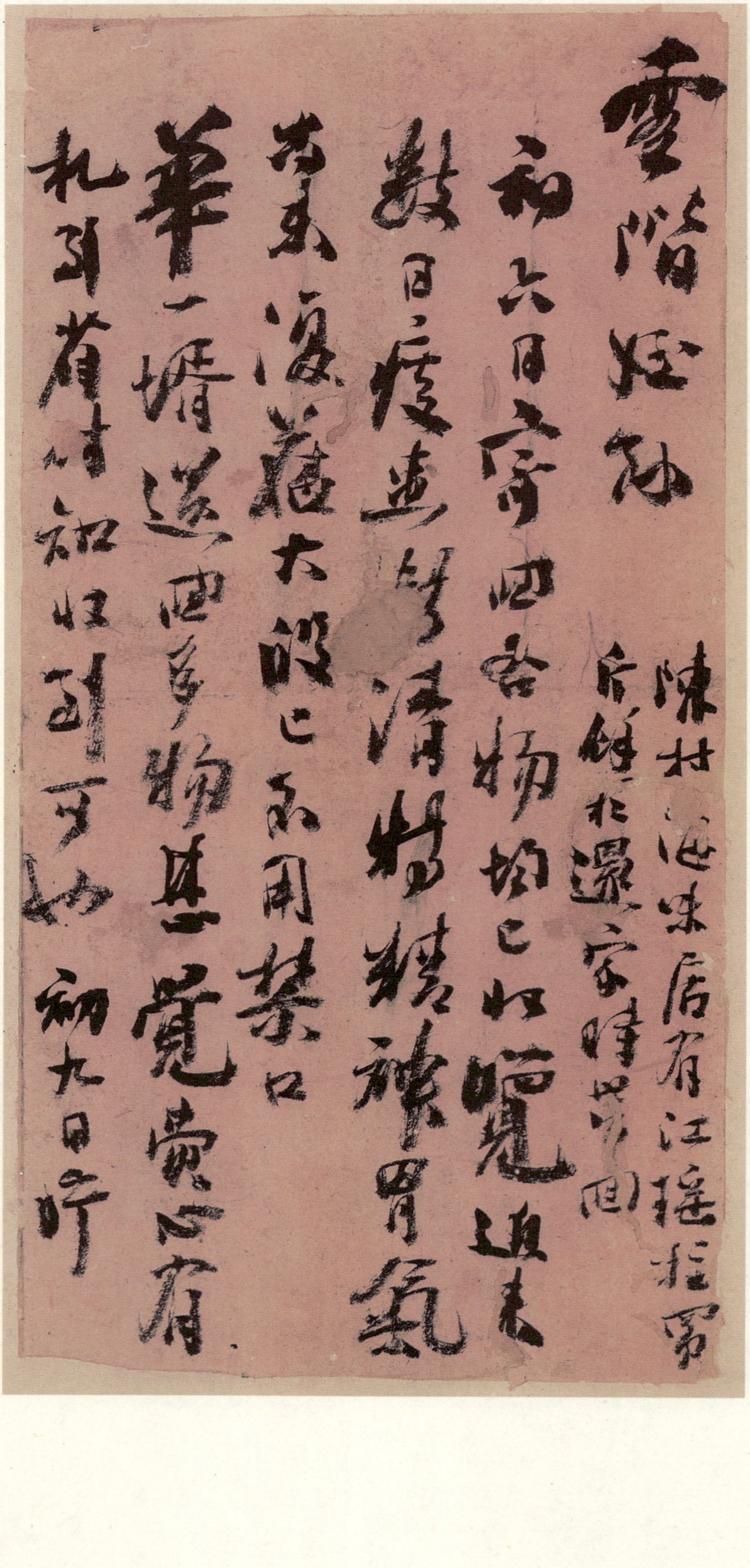

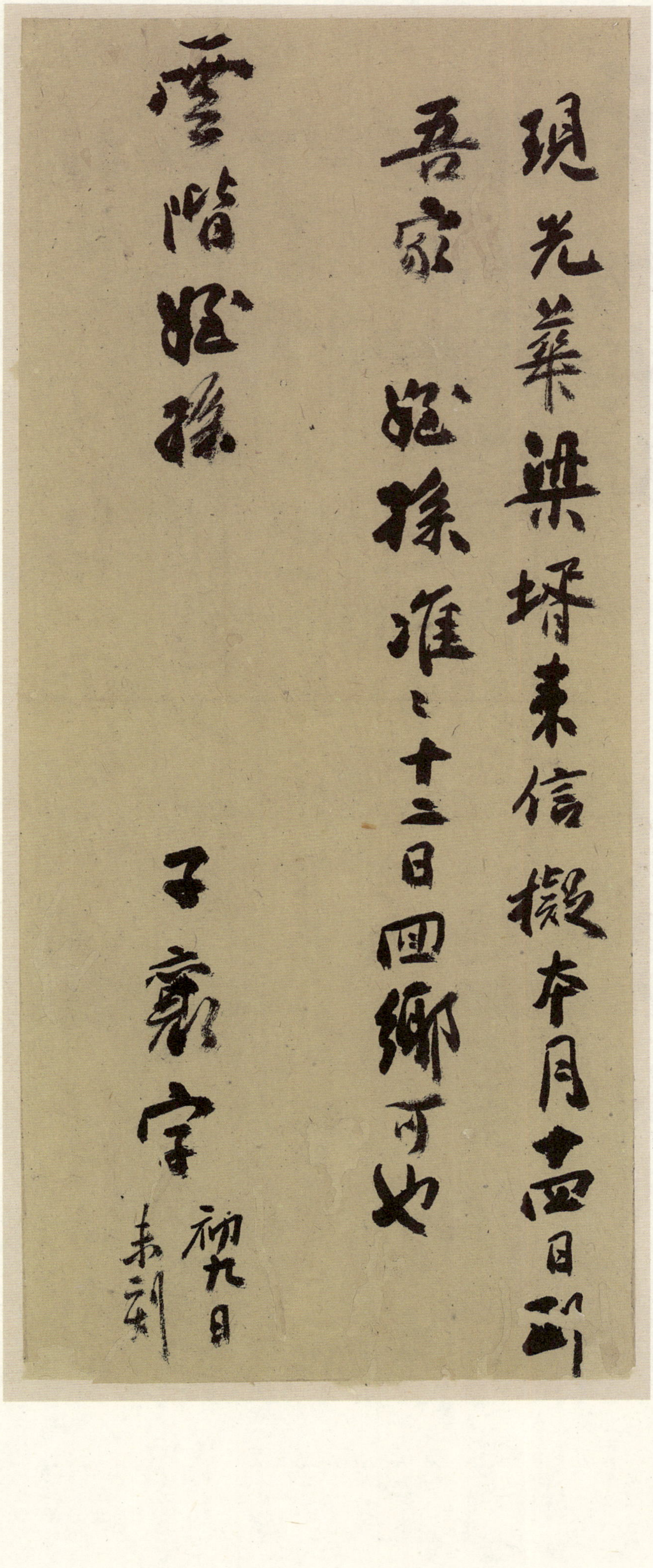
現光華梁堺來信擬本月十四日到吾家姪孫准准十二日回鄉可也
雲階姪孫
子襄字
初九日
未刻

信函之十三

現光華梁堺來信，擬本月十四日到吾家，姪孫准准十二日回鄉可也。

雲階姪孫。

子襄字，初九日未刻。

信函之十四

昨付之糯米大小兩包均已收到。緝卿未到，亦未有來館消息也。批田之說，辰下趙門人萊峰未回館，其弟生員趙啟元已回。愚對他說起此事，據云汝之何東家已到他家說妥成局矣，云云（趙啟元素不預家事，未知確否）。

雲階姪孫。

廿九日早刻。

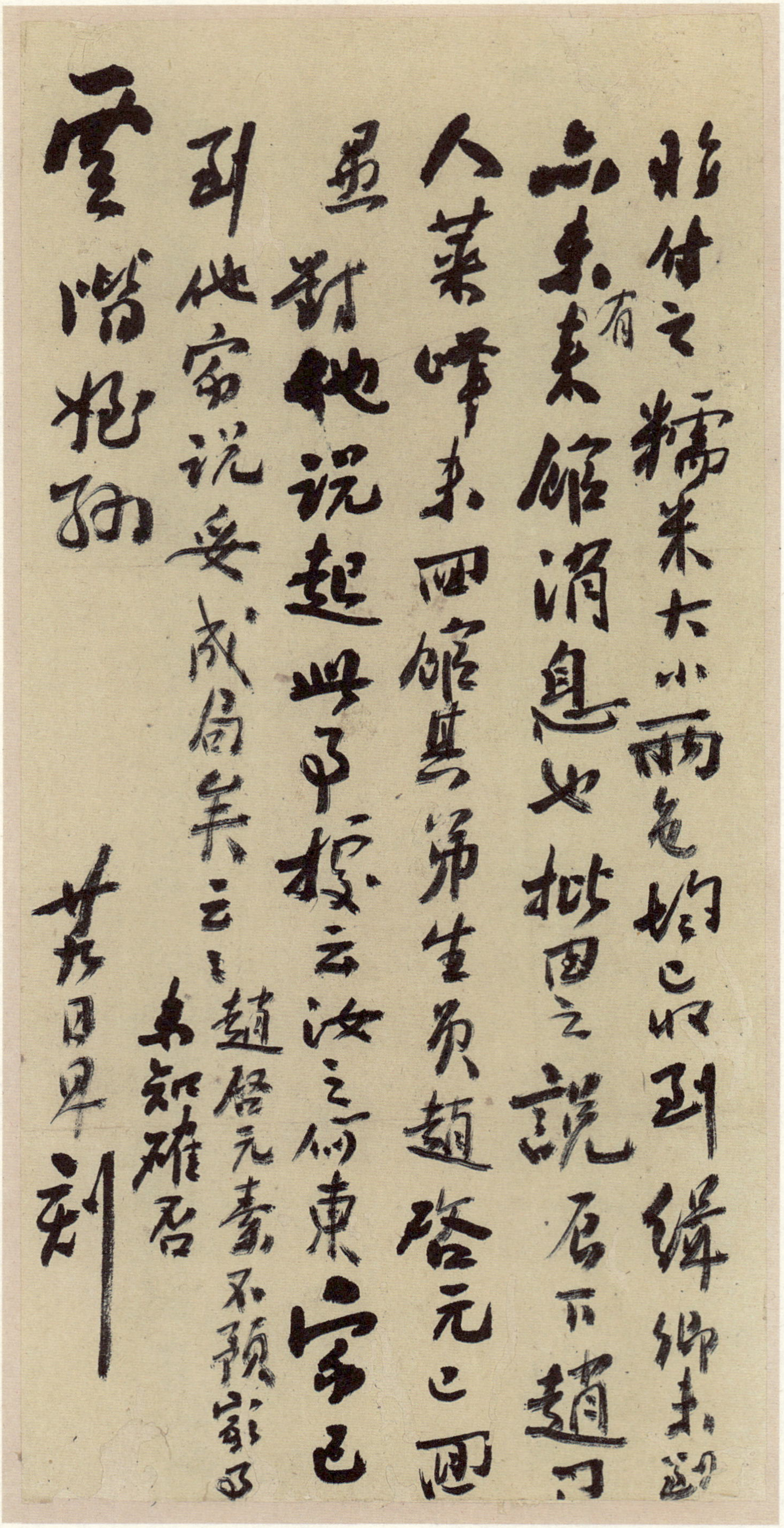

信函之十五

還函已悉，刻下趙萊峰兄弟均未反館，俟其回館說知，方能回話也。
雲階姪孫。

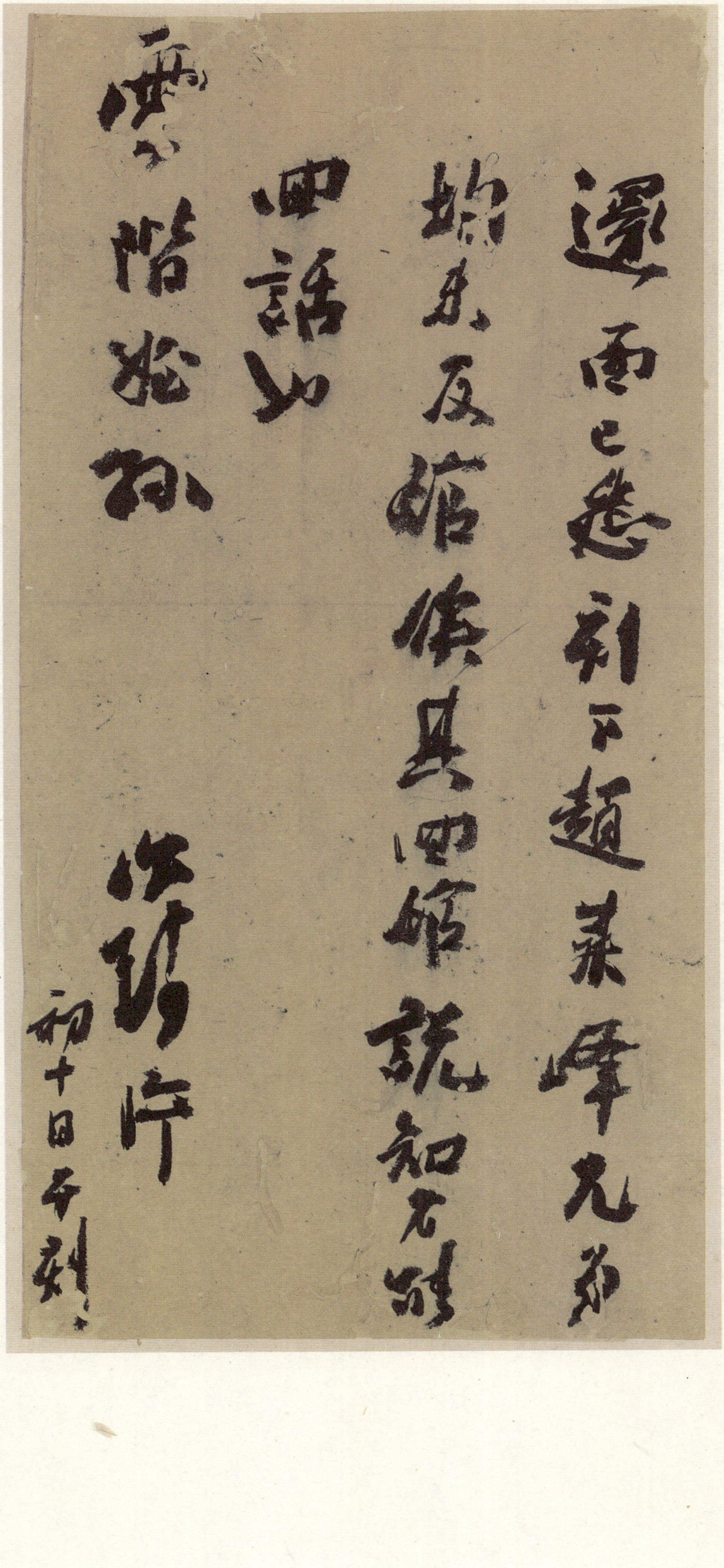

次琦片，初十日午刻。

信函之十六

十八日晨早提塘來報，并送來京中上諭及督、撫兩院原奏稿，十九日大穀渡回省中之京抄亦到矣。陳村慎全想亦已見也。姪孫若無要事，即日還家一走，諸款可面商也。雲階姪孫即覽。

叔祖手片，二十日申刻。

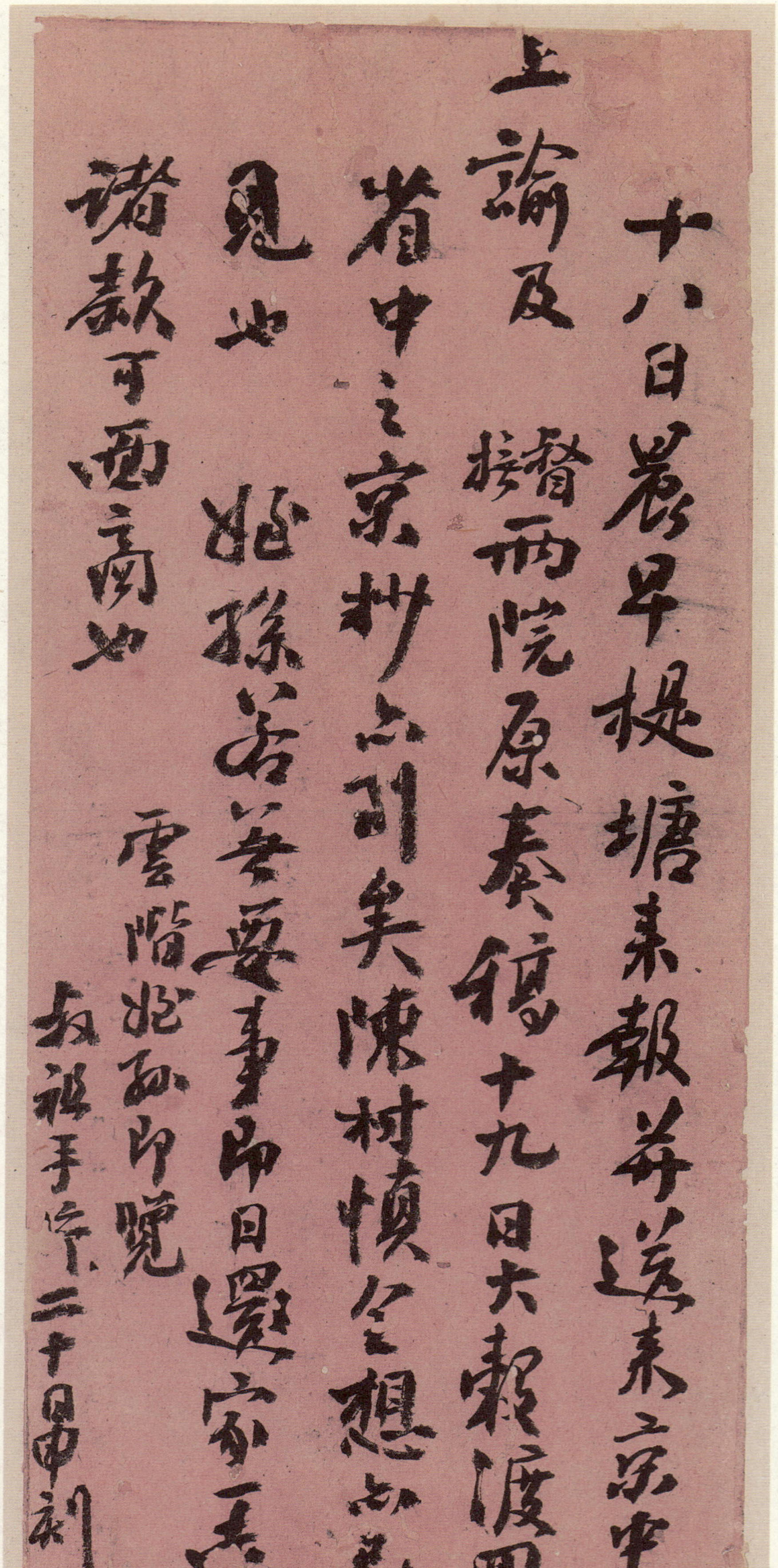

十八日晨早提塘來報并送來京中
上諭及督撫兩院原奏稿十九日大穀渡回
省中之京抄亦到矣陳村慎全想亦已
見也　姪孫若無要事即日還家一走
諸款可面商也
雲階姪孫即覽
叔祖手片　二十日申刻

注：有書言，朱次琦於光緒七年七月壬戌（初二）受詔賜五品卿銜，略誤。查《清實錄》記：光緒七年七月癸亥，即初三日，諭內閣：兩廣總督張樹聲、廣東巡撫裕寬奏，敬舉篤行紳士，請量予褒異等語。據稱廣東在籍紳士、前署山西襄陵縣知縣朱次琦，講明正學，身體力行，比閭黨族，薰德善良。『該員等學行純篤，足以矜式士民，洵秀可嘉』。着朱次琦『加恩賞給五品卿銜，以爲績學篤品者勸』（引自《德宗實錄》卷一百三十二，《清實錄》第五十三冊，第八百九十八頁，中華書局一九八六年版）。

朱次琦第十六函，於二十日書記：十八日送來京中上諭及督撫兩院原奏稿。次日，即十九日，『省中京之抄亦到矣』。光緒六年夏六月庚子，即初四日（七月十日）兩廣總督張樹聲、廣東巡撫裕寬褒薦朱次琦、陳澧，請詔賜卿銜，次年七月初二（七月二十八日）詔賜五品卿銜，至十八、十九日下達廣東，並傳達至順德九江。

是年十月，次琦患病，至十二月十九日（即一八八二年二月七日）去世。從恩賜到逝世，相距僅五個月，與《清史稿》記載『七年賞五品卿銜，逾數月卒』合。

朱次琦信函後跋九則

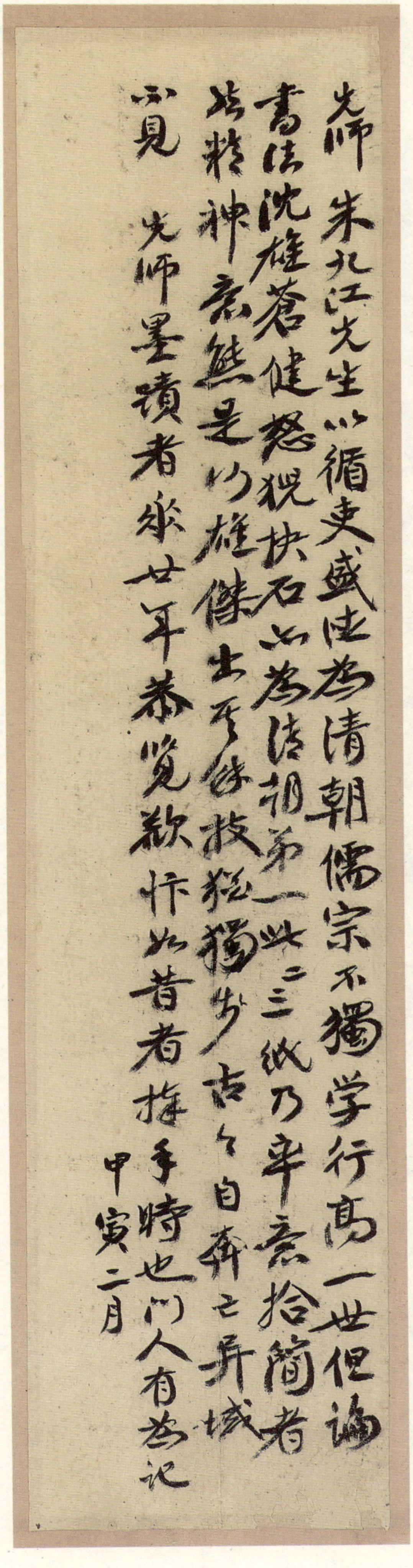
先師　朱九江先生以循吏盛德為清朝儒宗不獨学行高一世但論
書法沈雄蒼健怒猊抉石亦為清朝第一此二三紙乃率意拾簡者
然精神意態是何雄傑出其餘技猶獨步古今自奔亡異域
不見　先師墨蹟者垂廿年恭覽歡忭如昔者捧手時也門人有為記
甲寅二月

之一　康有爲題跋

先師朱九江先生以循吏盛德，為清朝儒宗，不獨學行高一世，但論書法，沉雄蒼健、怒猊抉石，亦為清朝第一。此二三紙乃率意拾簡者，然精神意態，是何雄傑？出其餘技，猶獨步古今。自奔亡異域，不見先師墨蹟者垂廿年。恭覽歡忭，如昔者捧手時也。門人有為記。甲寅二月。

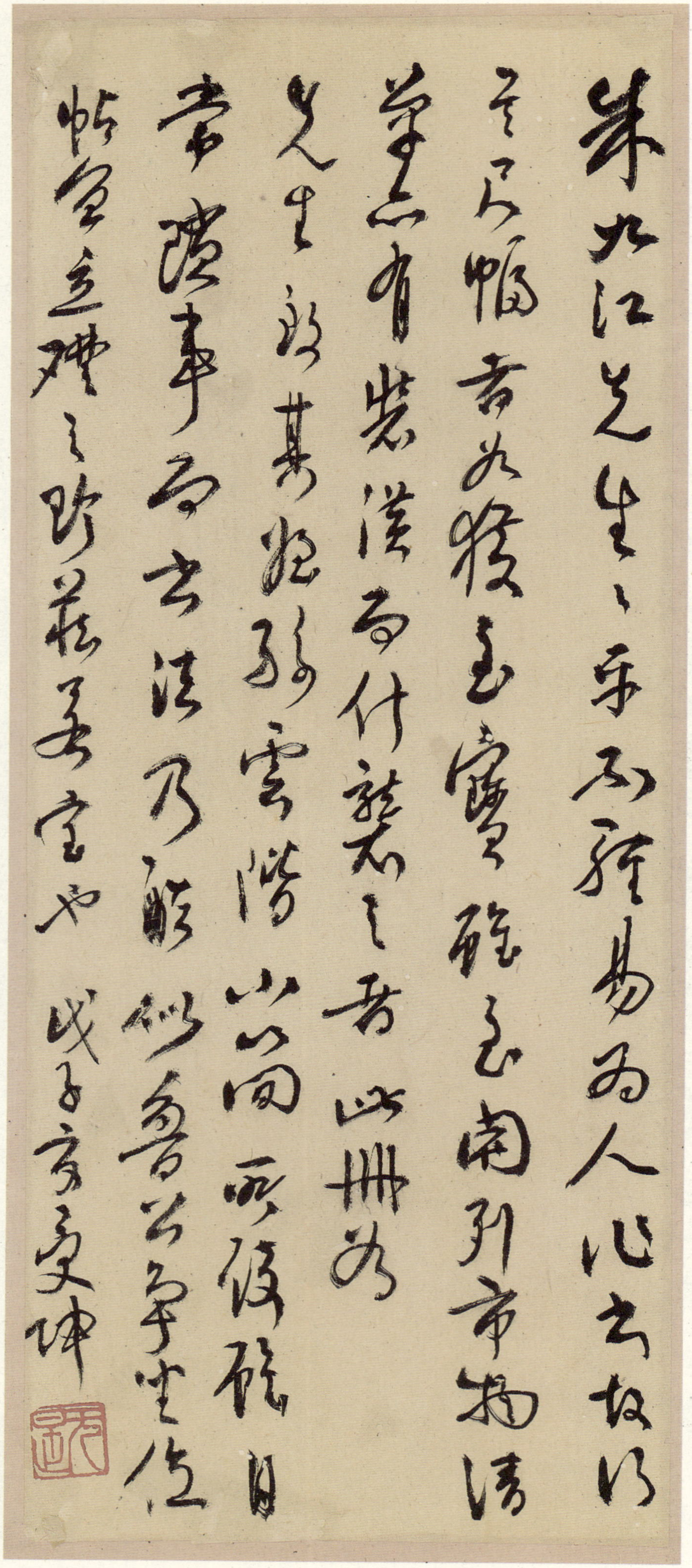

之二　曹受坤題跋

朱九江先生生平不輕易為人作書，故得其尺幅者如獲至寶。雖至開列市物清單，亦有裝潢而什襲之者，此冊為先生致其姪孫雲階小簡，所談雖日常瑣事，而書法乃酷似魯公爭坐位帖，宜立礎之珍藏若寶也。戊子夏。受坤。

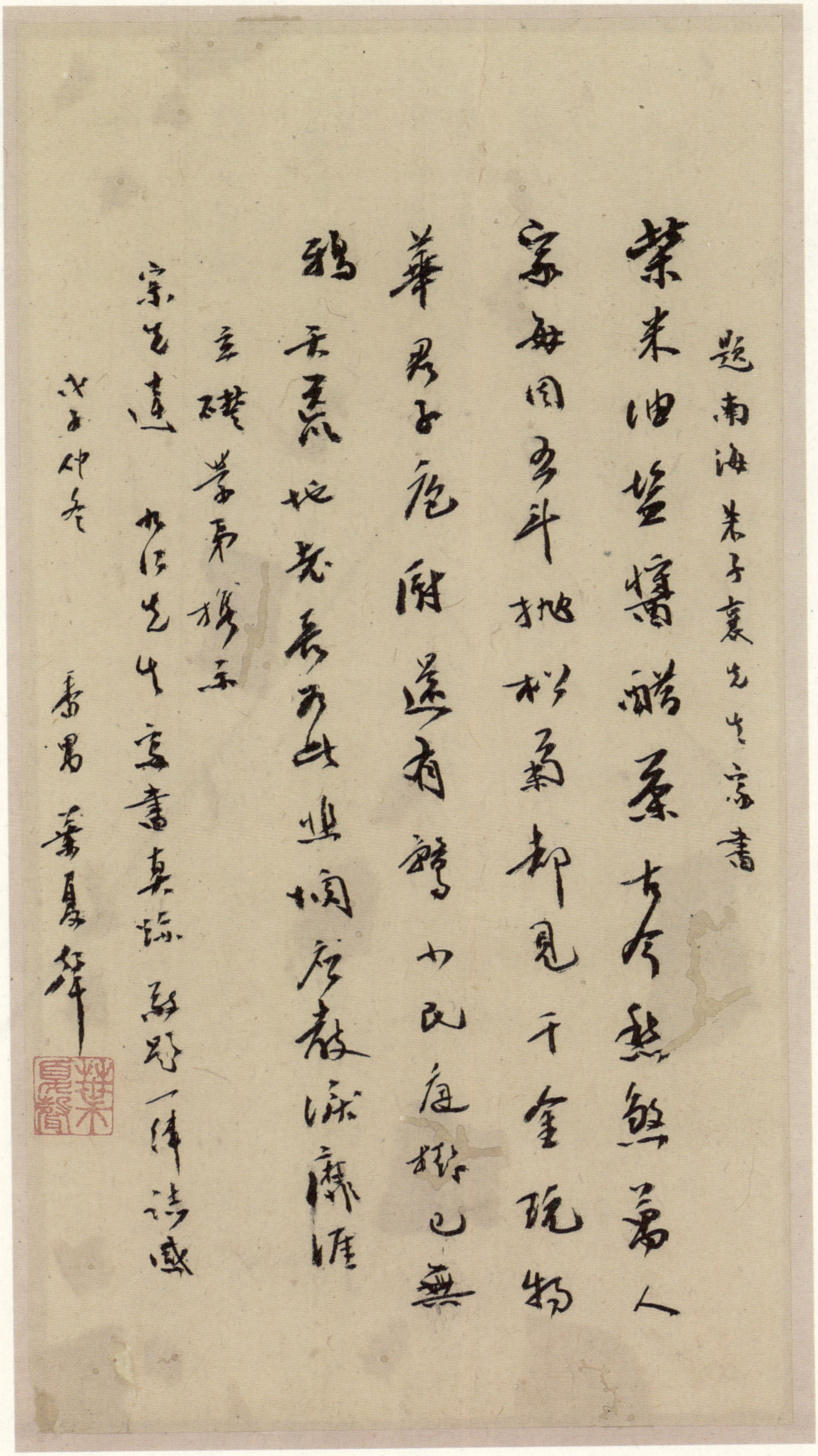

之三　葉夏聲題跋

題南海朱子襄先生家書

柴米油鹽醬醋茶，古今愁煞萬人家。每因五斗拋松菊，卻見千金玩物華。君子庖廚還有鶩，小民庭樹已無鴉。天荒地老長如此，悲憫應教淚靡涯。

立礎學弟携示宗先達九江先生寫書真蹟，敬題一律誌感。戊子仲冬，番禺葉夏聲。

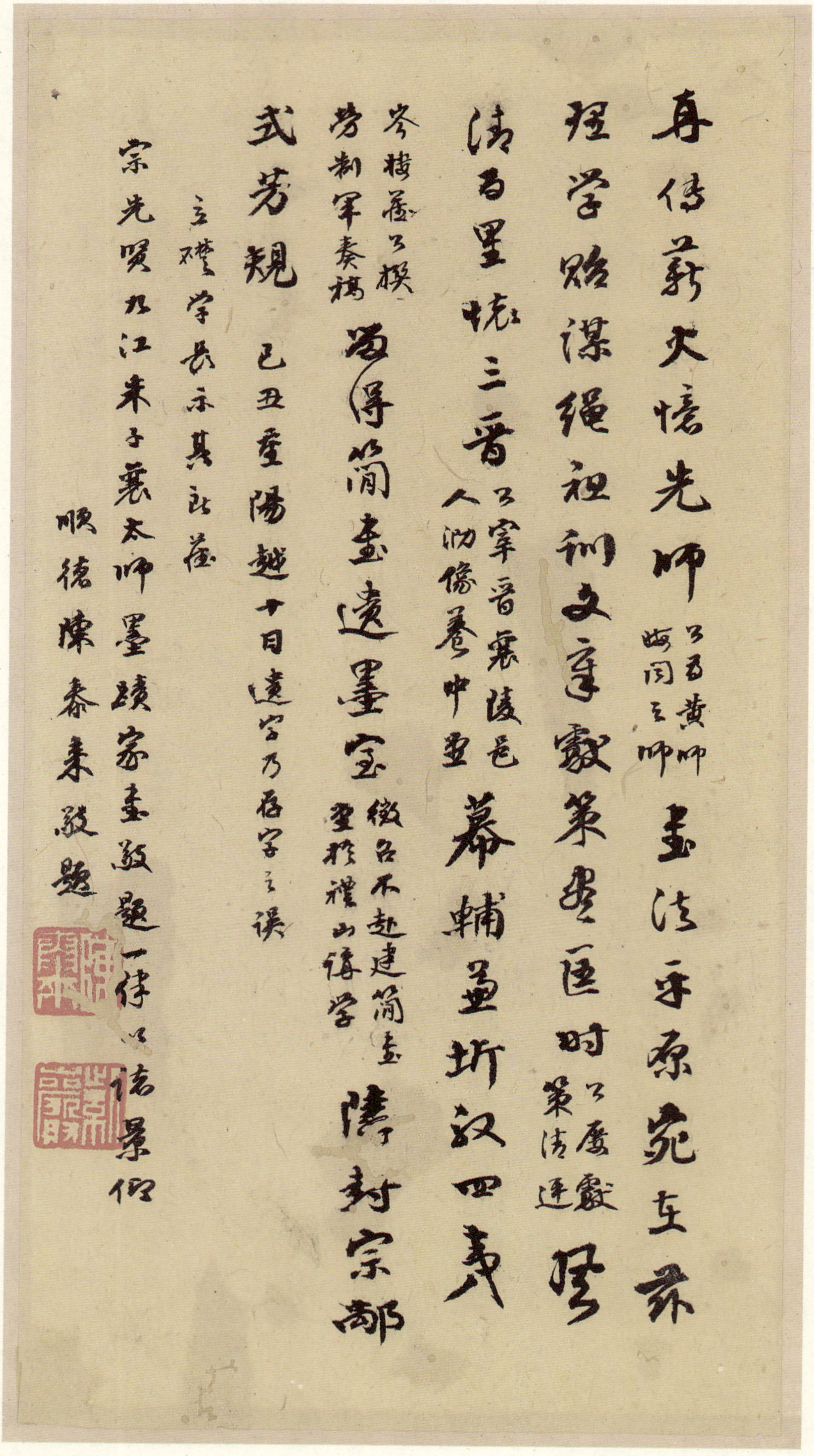

之四　陳泰來題跋

再傳薪火憶先師（公為黃師晦聞之師（按此说误）），書法平原宛在茲。理學貽謀繩祖訓，文章獻策盡匡時（公屢獻策清廷）。風清百里懷三晉（公宰晉襄陵，邑人沕像養中堂），幕輔兼圻教四夷（岑樓藏公撰勞制軍奏稿）。留得簡書遺墨寶（徵召不赴，建簡書堂於禮山講學），鄰封宗鄙式芳規。已丑重陽越十日，遺字乃存字之誤。

立礎學長示其所藏宗先賢九江朱子襄太師墨蹟家書，敬題一律，以誌景仰。順德陳泰來敬題。

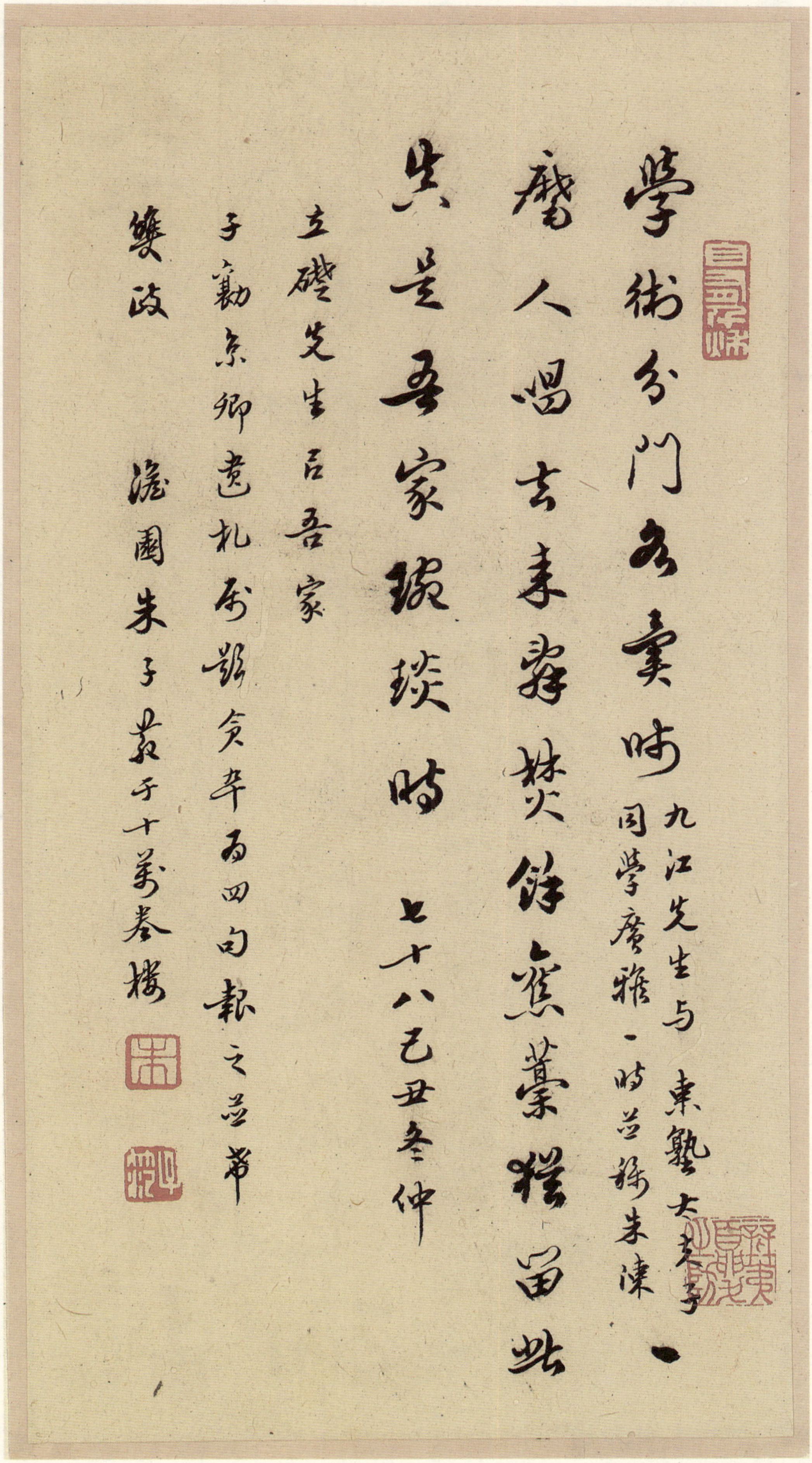

之五　朱子范題跋

學術分門各異師（九江先生與東塾太夫子同學廣雅，一時並稱朱陳），一麾人唱去來辭。焚餘舊稿猶留此，真是吾家琬琰時。七十八己丑冬仲，立礎先生以吾家子襄京卿遺札屬題，倉卒為四句報之，並希雙政。澹園朱子范於十萬卷樓。

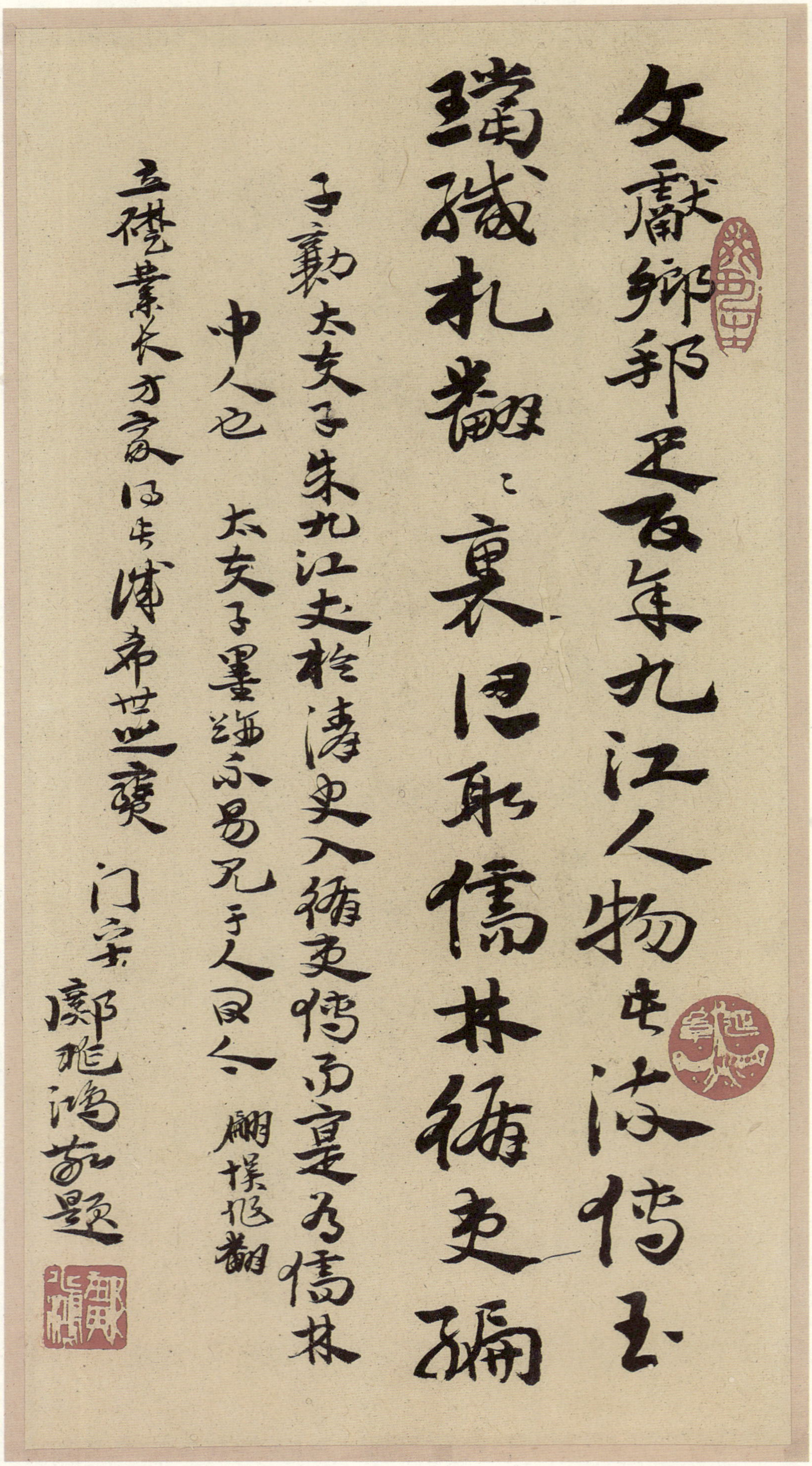

之六　鄺兆鴻題跋

文獻鄉邦匹百年，九江人物此流傳。玉瑲緘札翻翻裹，認取儒林循吏編。

子襄太夫子朱九江丈於清史入循吏傳，而寔為儒林中人也。太夫子墨蹟不易見於人間。今翩誤作翻。立礎業長方家得此，誠希世之寶。门下士鄺兆鴻敬題。

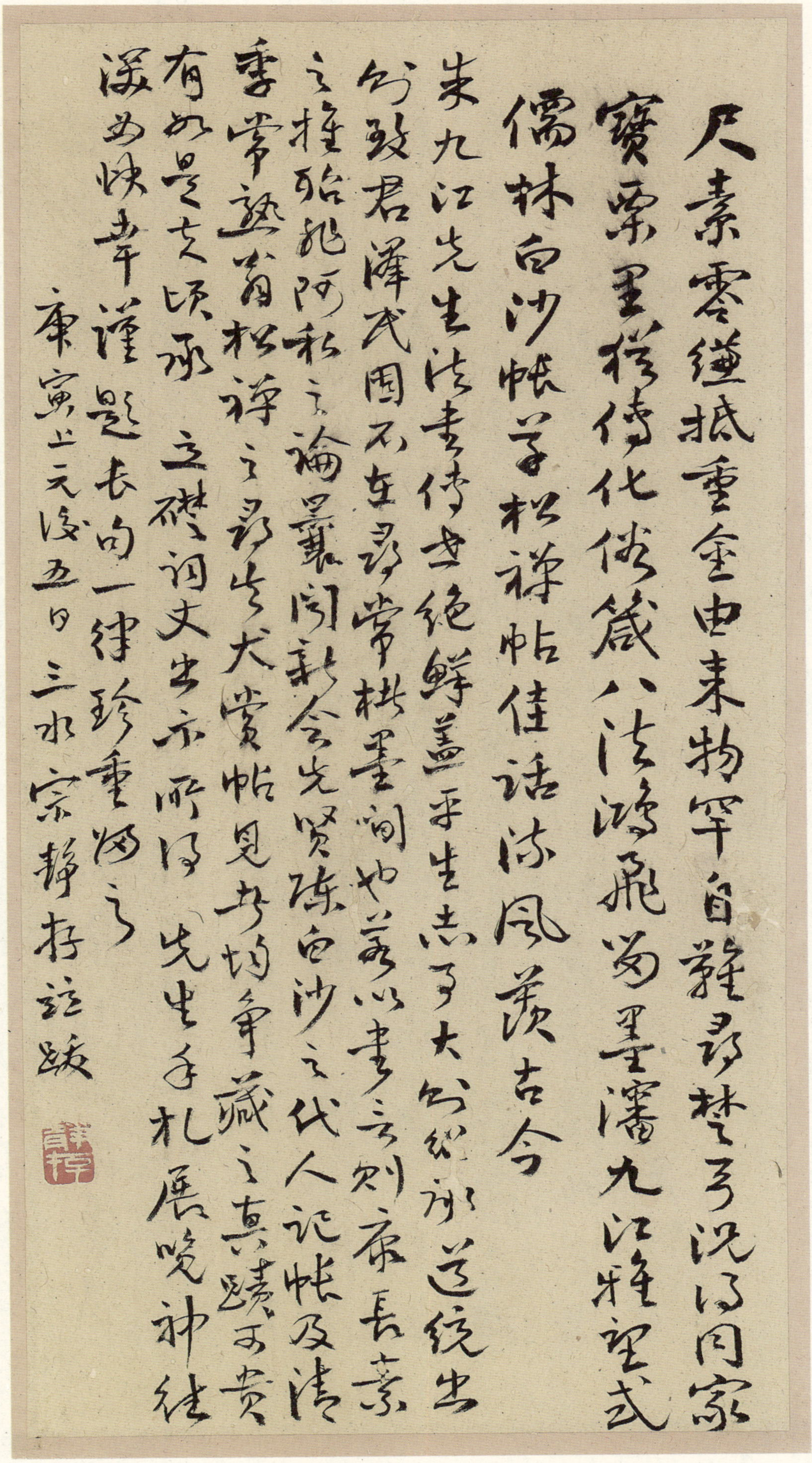

之七　宗静存題跋

尺素零縑抵重金，由來物罕自難尋。楚天況得同家寶，栗里猶傳化俗箴。八法鴻飛留墨瀋，九江雅望式儒林。白沙帳草松禪帖，佳話流風羨古今。

朱九江先生法書傳世絕鮮，蓋平生志事，大則紹承道統，出則致君澤民，固不在尋常楮墨間也。若以書言，則康長素之推，殆非阿私之論。曩聞新會先賢陳白沙之代人記帳，及清季常熟翁松禪之尋失犬賞帖，見者均爭藏之。真蹟可貴，有如是夫。頃承立礎詞丈出示所得先生手札，展覽神往，深為快幸。謹題長句一律，珍重歸之。庚寅上元後五日三水宗靜存竝跋。

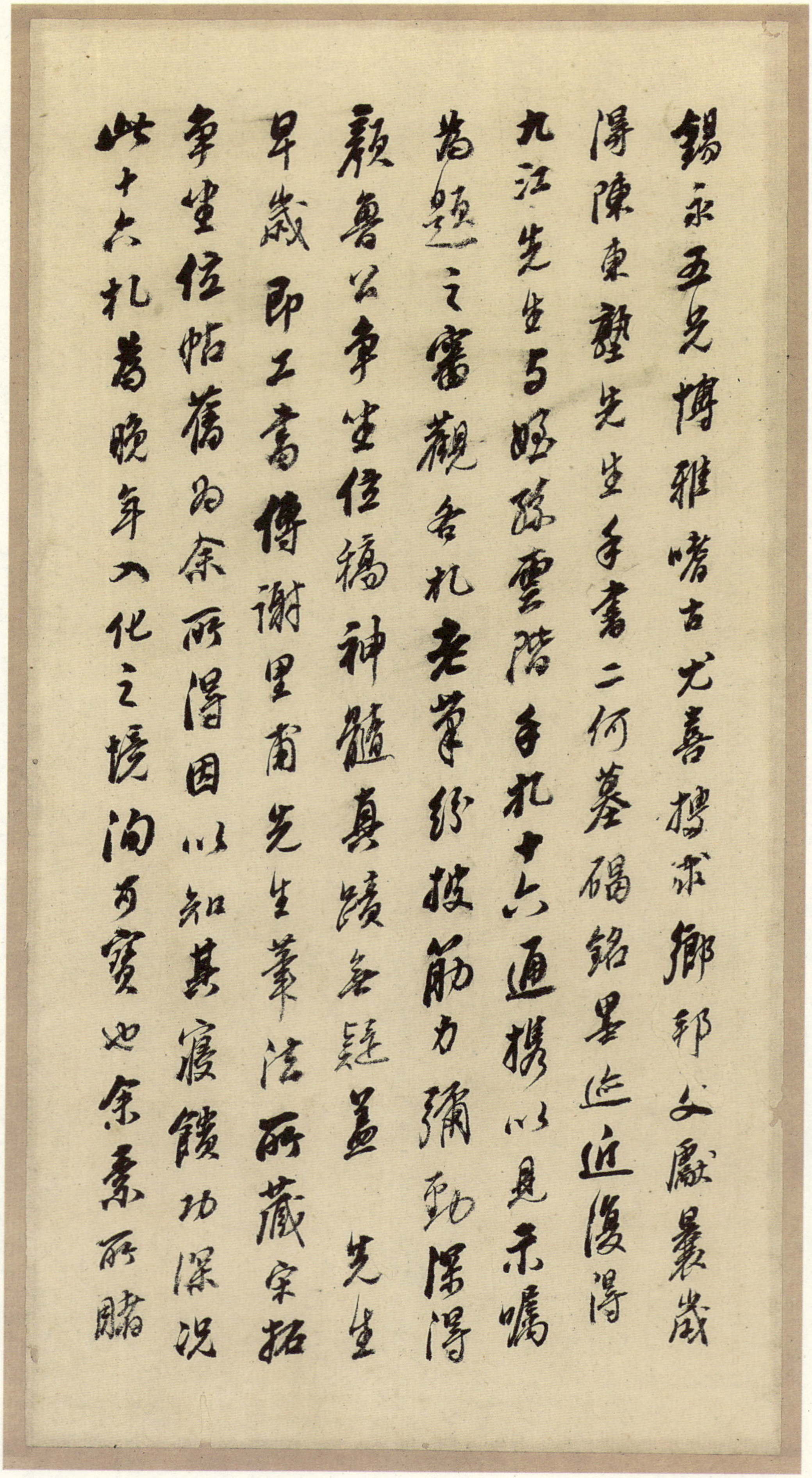

之八　盧子樞後跋

錫永五兄博雅嗜古，猶喜搜求鄉邦文獻。曩歲得陳東塾先生手書二何墓碣銘墨蹟，近復得九江先生與姪孫雲階手札十六通，攜以見示，囑為題之。審觀各札，老筆紛披，筋力彌勁，深得顏魯公爭坐位稿神髓，真蹟無疑。蓋先生早歲即工書，傳謝里甫先生筆法。所藏宋拓爭坐位帖，舊為余所得，因以知其寢饋功深。況此十六札為晚年入化之境，洵可寶也。余素所睹先生墨蹟，以其門人梁緝嘏所藏裁答其友李孟畦續修邑志冊為最佳，次則黃晦聞先生所集一冊亦精。至於修朱氏家譜手稿及批閱諸生課卷之類，雖人爭寶其片紙，較之此冊，不啻碎玉之與完璧矣。

癸巳立夏後學東莞盧子樞拜觀敬題。

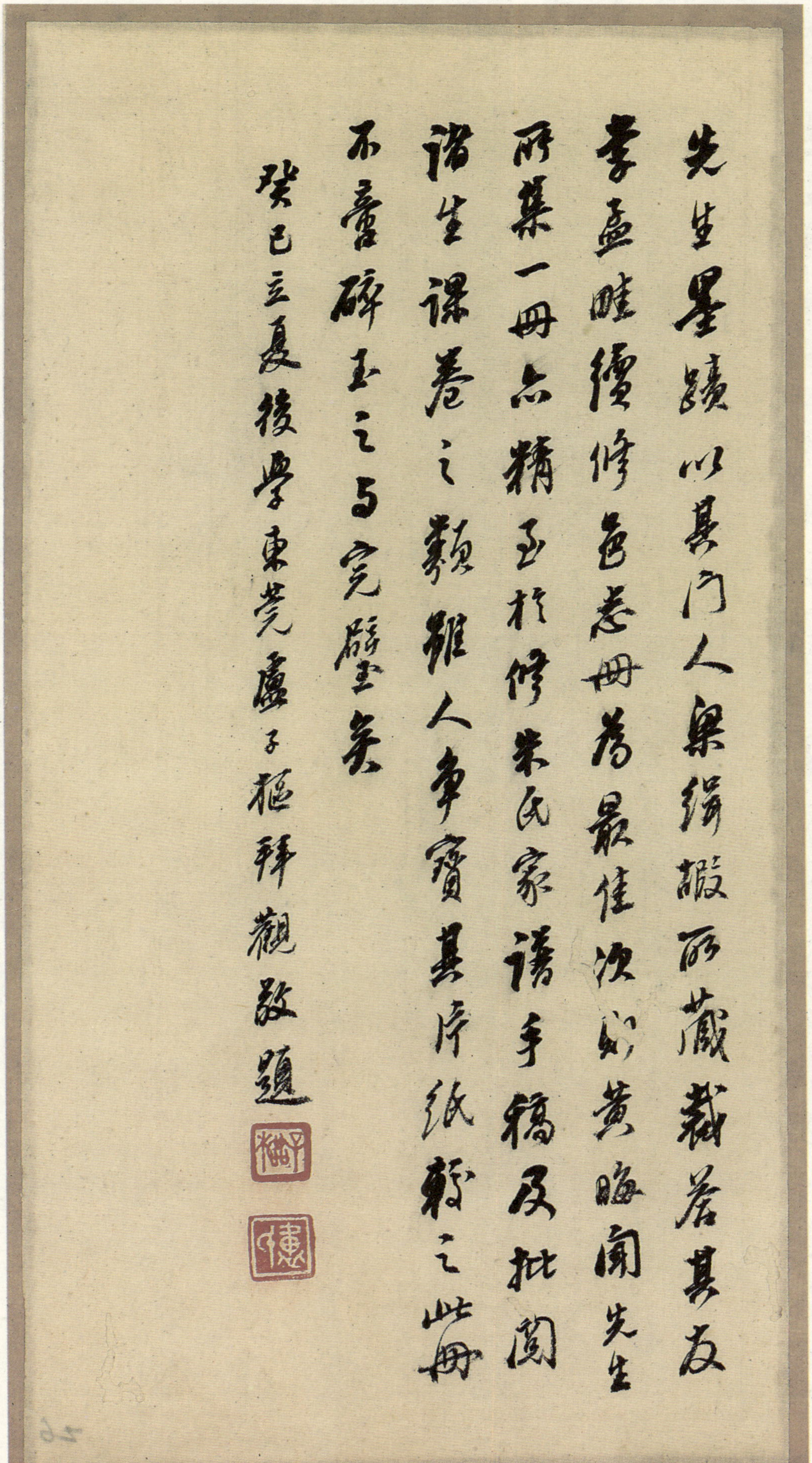

注：盧子樞（一九零零—一九七八），國內的著名山水畫家、書法家，善鑑賞。在嶺南尤富盛名。原名沛森，別號不蠹齋、一顧樓、九石山房。廣東東莞人。出身書香世家，早年就讀廣東高等師範學校（今中山大學前身）；一九二三年在廣州參與組織癸亥合作畫社及廣東國畫研究會，一九二九年參加上海全國畫展，其畫《松溪高隱圖》，得黃賓虹重視，評此畫謂：『上師董源，局勢雄厚，筆法淡濃黑白乾濕兼用。』從此，畫名日起，曾參加德國、日本等展覽，均得高度評價。新中國成立後，參加中國美術家協會、中國書法家協會，爲廣東分會會員，並聘爲廣東省文史研究館館員。

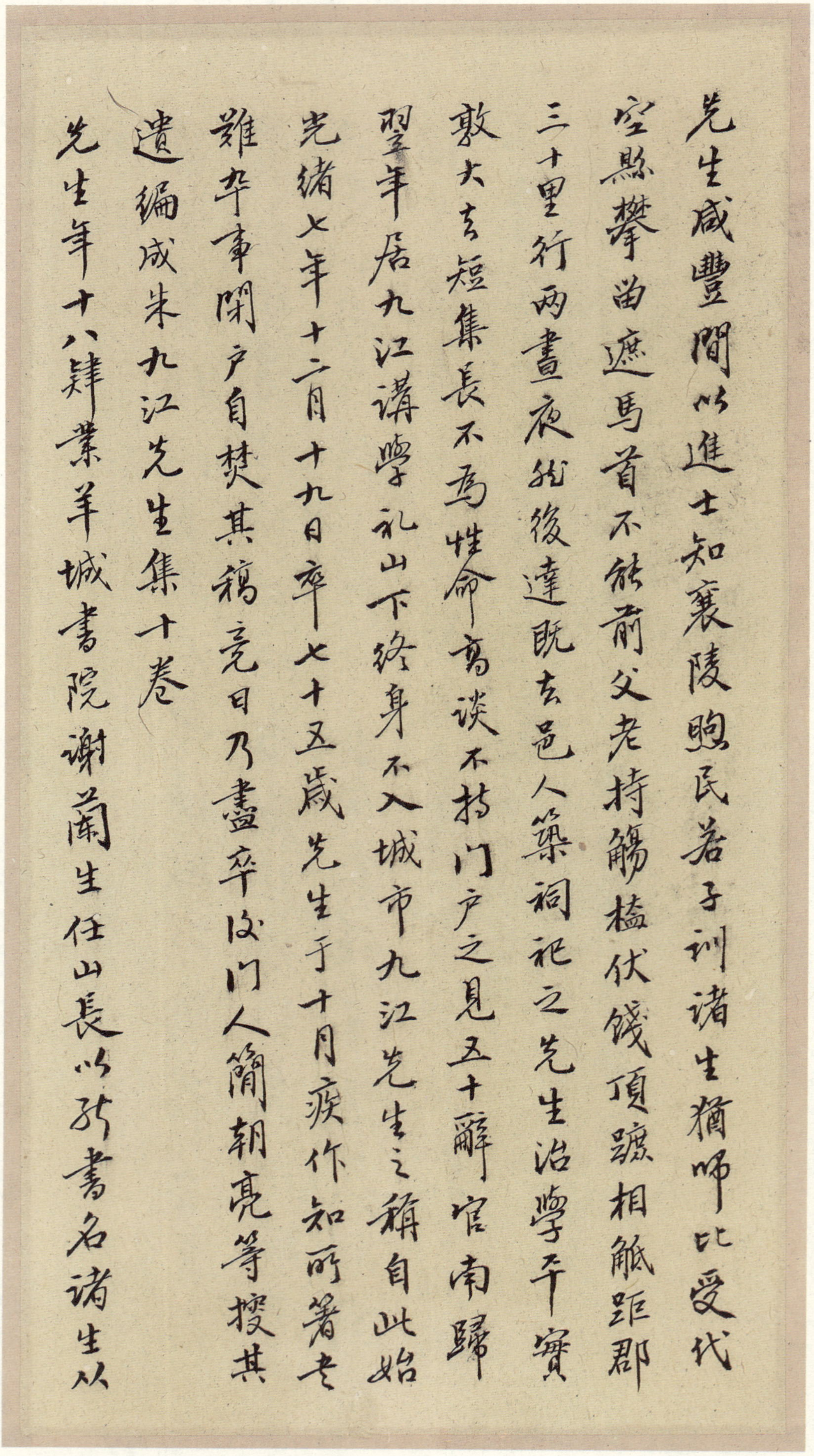

之九　商承祚後跋

先生咸豐間以進士知襄陵，煦民若子，訓諸生猶师。比受代，空縣攀留，遮馬首不能前，父老持觴杯伏餞，頂踵相觝，距郡三十里行兩晝夜然後達。既去邑，人築祠祀之。先生治學平實敦大，去短集長，不為性命高談，不持門戶之見。五十辭官南歸。翌年，居九江，講學禮山下，終身不入城市。九江先生之稱自此始。光緒七年十二月十九日卒，七十五歲。先生于十月疾作，知所著書難卒事，閉戶自焚其稿，竟日乃盡。卒後門人簡朝亮等搜其遺編成朱九江先生集十卷。

先生年十八肄業羊城書院。謝蘭生任山長，以能書名諸生。從

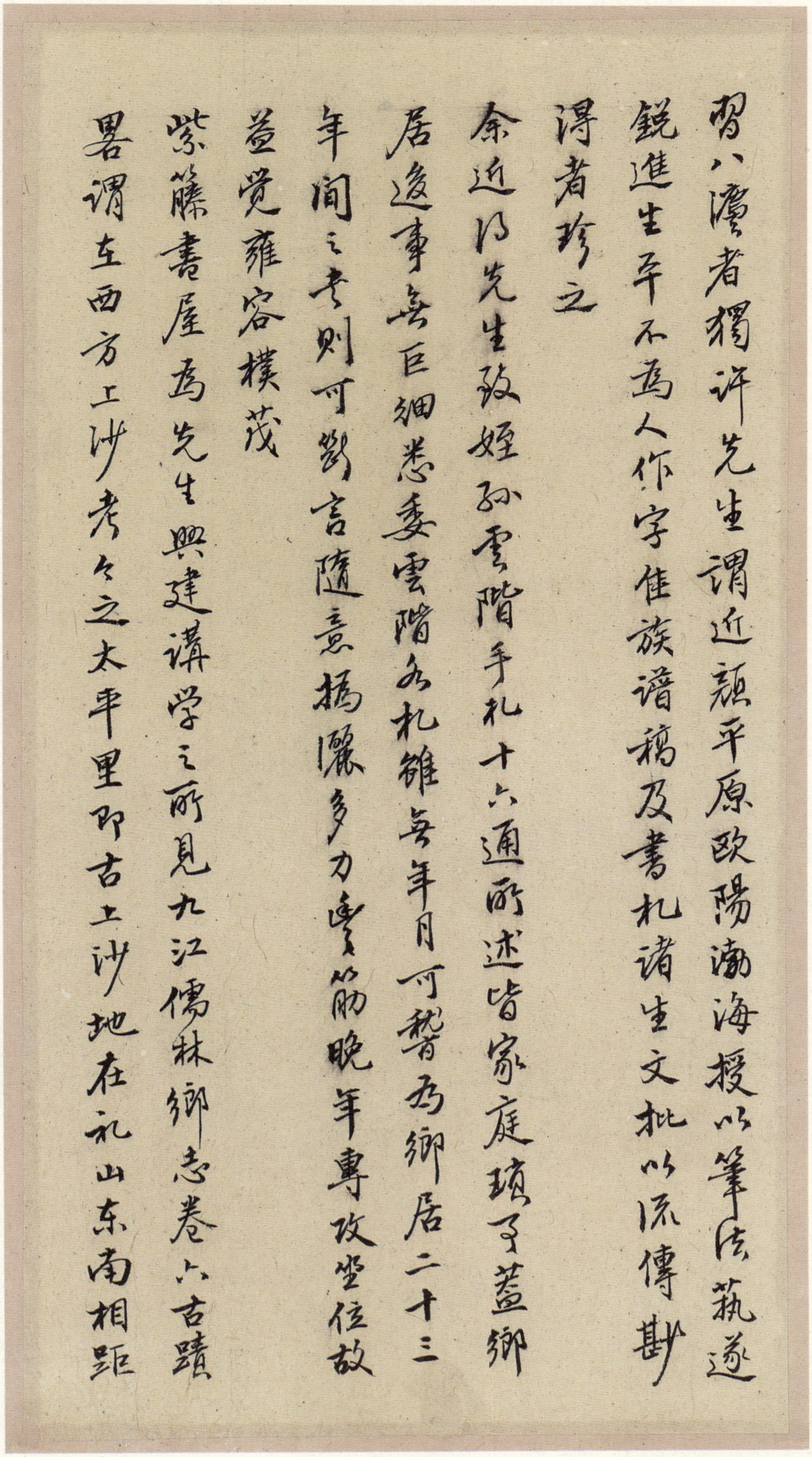
習八法者獨許先生謂近顔平原歐陽渤海授以筆法藝遂
鋭進生平不為人作字唯族譜稿及書札諸生文批以流傳尠
得者珍之
余近得先生致姪孫雲階手札十六通所述皆家庭瑣事蓋鄉
居後事無巨細悉委雲階各札雖無年月可稽為鄉居二十三
年間之書則可斷言隨意撝灑多力豐筋晚年專攻坐位故
益覺雍容樸茂
紫藤書屋為先生興建講學之所見九江儒林鄉志卷六古蹟
略謂在西方上沙考今之太平里即古上沙地在禮山東南相距

習八法者，獨許先生，謂近顔平原、歐陽渤海。授以筆法，藝遂鋭進。生平不為人作字，唯族譜稿及書札、諸生文批，以流傳尠，得者珍之。

余近得先生致姪孫雲階手札十六通，所述皆家庭瑣事。蓋鄉居後，事無巨細，悉委雲階。各札雖無年月可稽，為鄉居二十三年間之書，則可斷言。隨意撝灑，多力豐筋，晚年專攻坐位，故益覺雍容樸茂。

紫藤書屋為先生興建講學之所，見《九江儒林鄉志》卷六古蹟略，謂在西方上沙。考今之太平里，即古上沙，地在禮山東南，相距

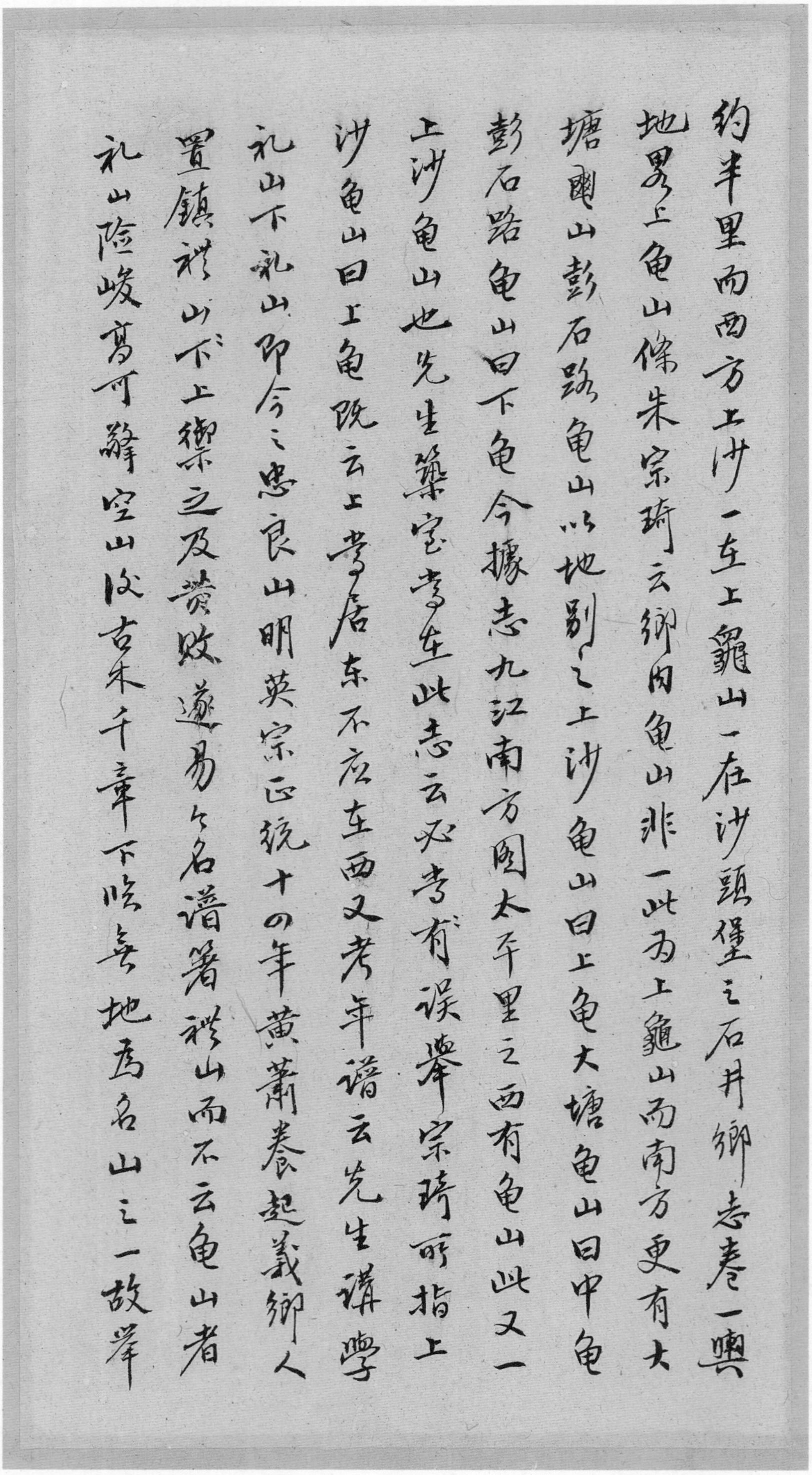

約半里。而西方上沙，一在上龜山，一在沙頭堡之石井。《鄉志》卷一輿地略上龜山條：朱宗琦云，鄉内龜山非一，此為上龜山，而南方更有大塘龜山，彭石路龜山，以地別之。上沙龜山曰上龜，大塘龜山曰中龜，彭石路龜山曰下龜。今據志九江南方圖太平里之西有龜山，此又一上沙龜山也。先生築室當在此，志云必當有誤舉。宗琦所指上沙龜山曰上龜，既云上，當居東，不應在西。又考年譜云，先生講學禮山下，禮山即今之忠良山。明英宗正統十四年黃蕭養起義，鄉人置鎮禮山，禮山下上禦之。及黃敗，遂易今名。譜著禮山而不云龜山者，禮山險峻，高可攀空，山後古木千章，下臨無地，為名山之一，故舉

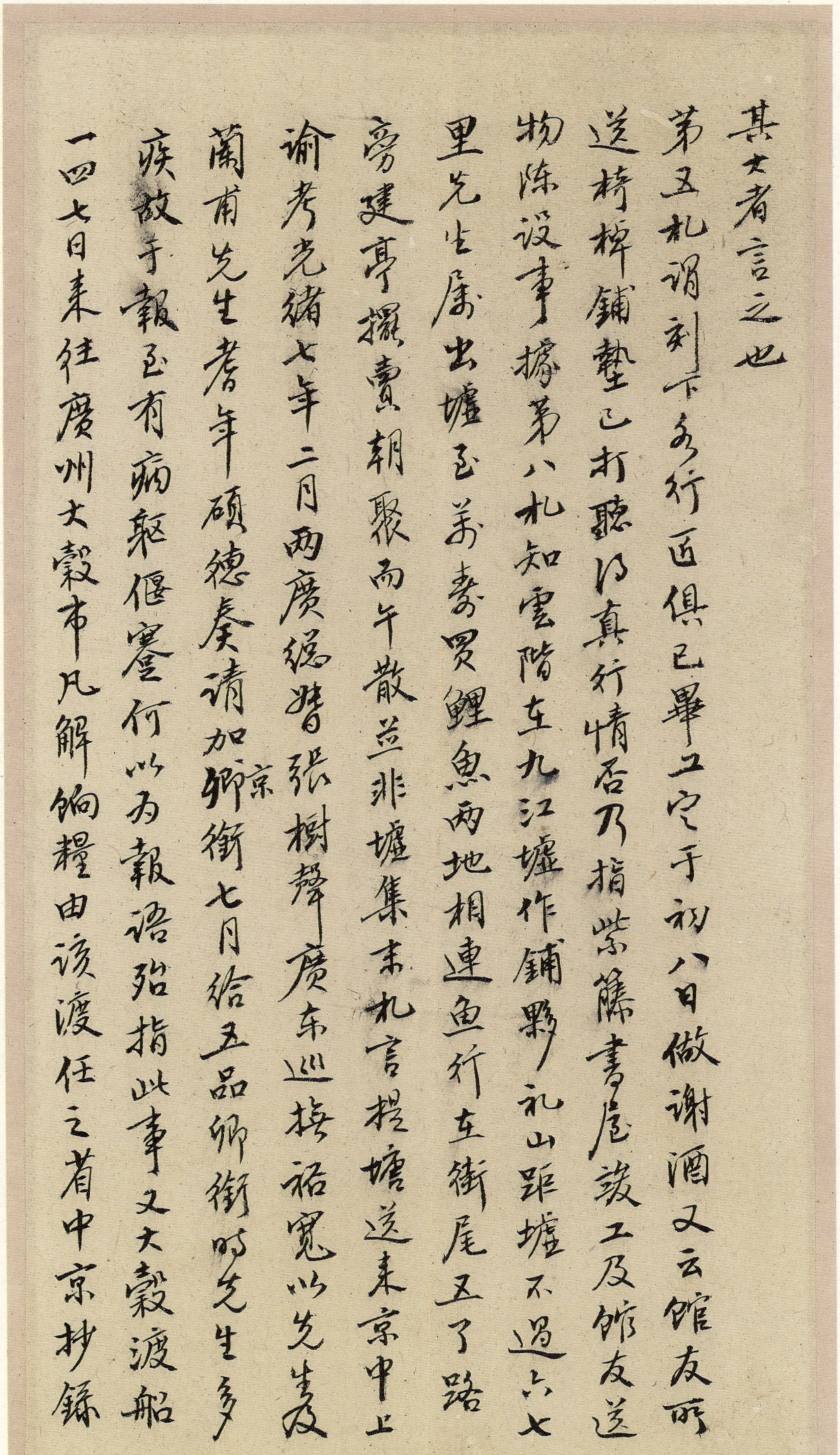
其大者言之也
第五札謂刻下各行匠俱已畢工定于初八日做謝酒又云館友所
送椅槕鋪墊已打聽得真行情否乃指紫藤書屋竣工及館友送
物陳設事據第八札知雲階在九江墟作鋪夥禮山距墟不過六七
里先生屬出墟至萬壽買鯉魚兩地相連魚行在街尾五了路
旁建亭擺賣朝聚而午散並非墟集末札言提塘送來京中上
諭考光緒七年二月兩廣總督張樹聲廣東巡撫裕寬以先生及
蘭甫先生耆年碩德奏請加京卿銜七月給五品卿銜時先生多
疾故于報至有病軀偃蹇何以為報語殆指此事又大穀渡船
一四七日來往廣州大穀市凡解餉糧由該渡任之省中京抄錄

其大者言之也。

第五札謂刻下各行匠俱已畢工，定於初八日做謝酒。又云館友所送椅槕鋪墊已打聽得真行情否，乃指紫藤書屋竣工及館友送物陳設事。據第八札知雲階在九江墟作鋪夥，禮山距墟不過六七里，先生屬出墟至萬壽買鯉魚。兩地相連，魚行在街尾五了路，旁建亭擺賣，朝聚而午散，並非墟集。末札言提塘送來京中上諭。考光緒七年二月兩廣總督張樹聲、廣東巡撫裕寬，以先生及蘭甫先生耆年碩德，奏請加京卿銜，七月給五品卿銜。時先生多疾，故於報至，有『病軀偃蹇，何以為報』語，殆指此事。又大穀渡船一四七日來往廣州大穀市，凡解餉糧由該渡任之。省中京抄錄副送縣，當由是渡轉達也。
雲階名聯亨，九札之舜階名韶亨，為雲階之兄，與先生同屬繹思房出，七世祖仕清裔。
壬辰八月商承祚書於楚簣居燈下。

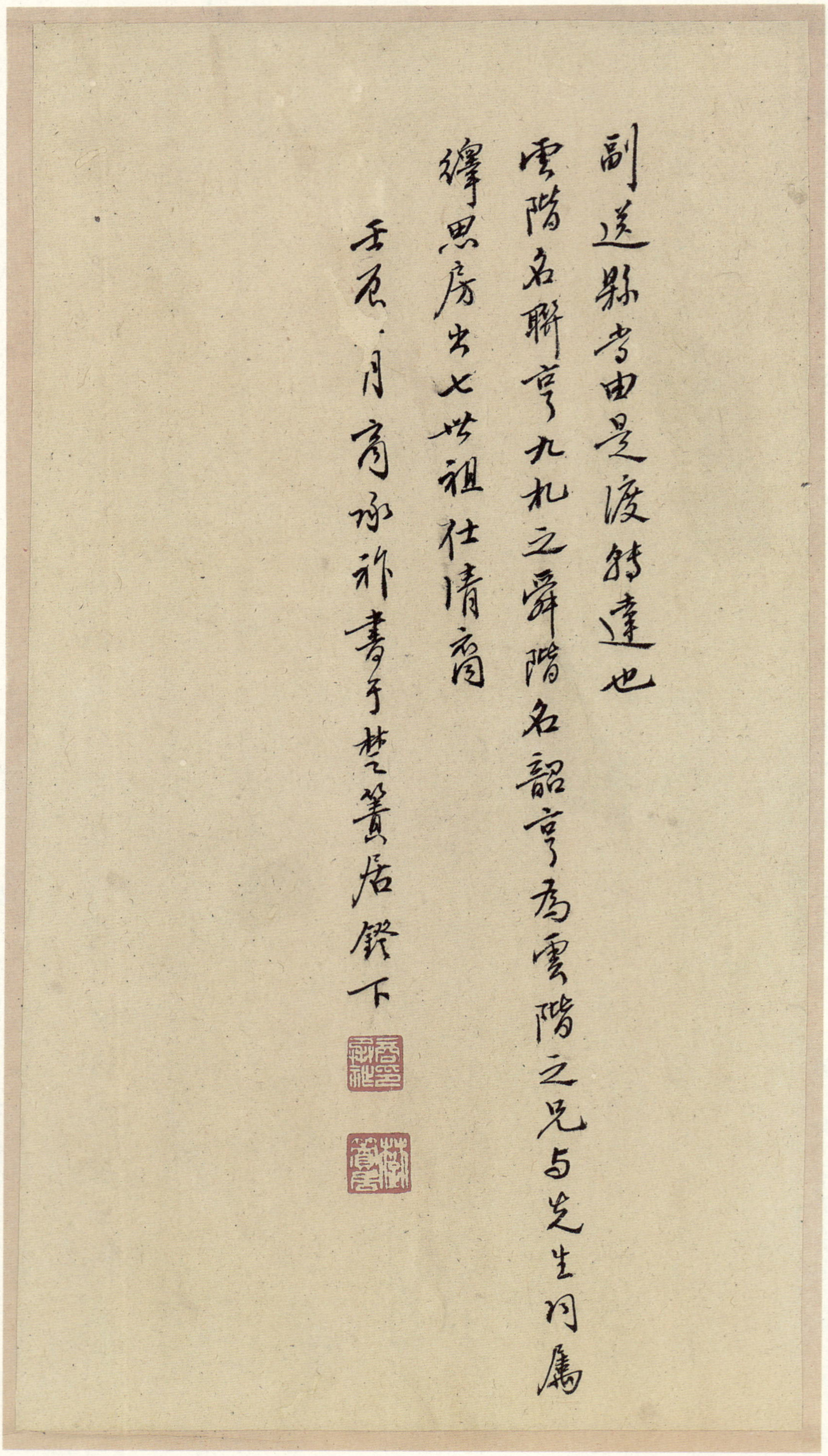
副送縣當由是渡轉達也
雲階名聯亨九札之舜階名韶亨為雲階之兄与先生同屬
繹思房出七世祖仕清裔
壬辰八月商承祚書于楚簣居鐙下

朱九江批閱諸生作業五則

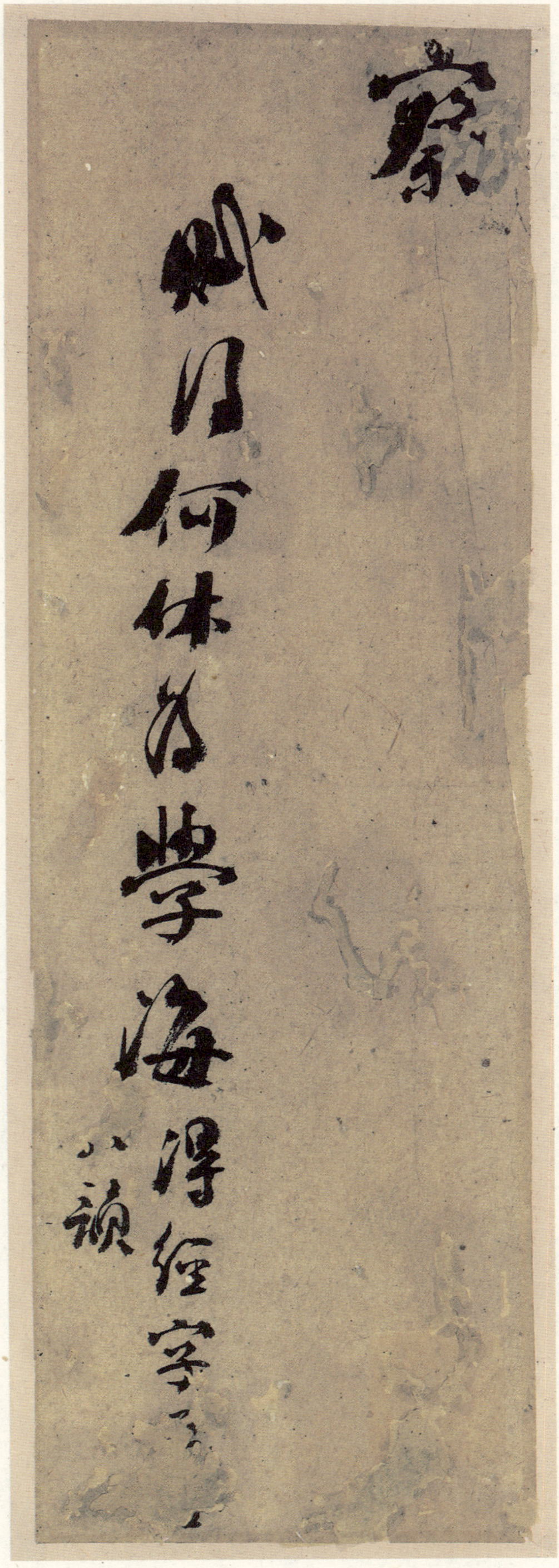

之一

察，賦得何休為學海，得經字五言八韻。

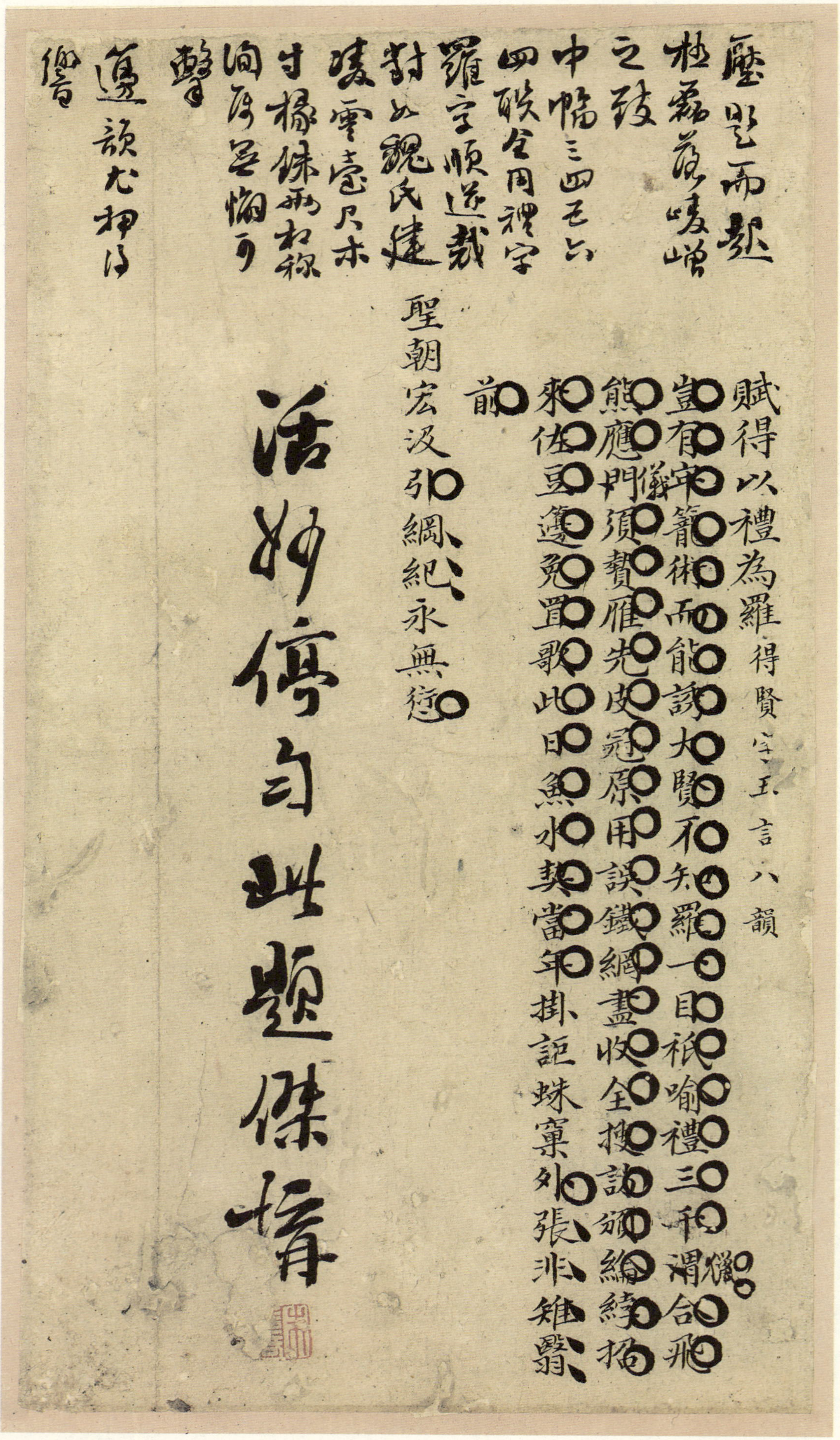

之二

活妙停勻，此題傑構。

壓題而起，極磊落崚嶒之致，中幅三四五六四聯，全用禮字羅字，順逆裁對，如魏氏建凌雲臺，尺木寸椽，銖兩相稱，詢屬無懈可擊。邊韻猶押得響。

之三

情采不乏，起結尤為妙到豪顛。

有慨乎言之，此謂力出題外妙□□，相應和□神來語也。此則頂格寫，是失檢處。

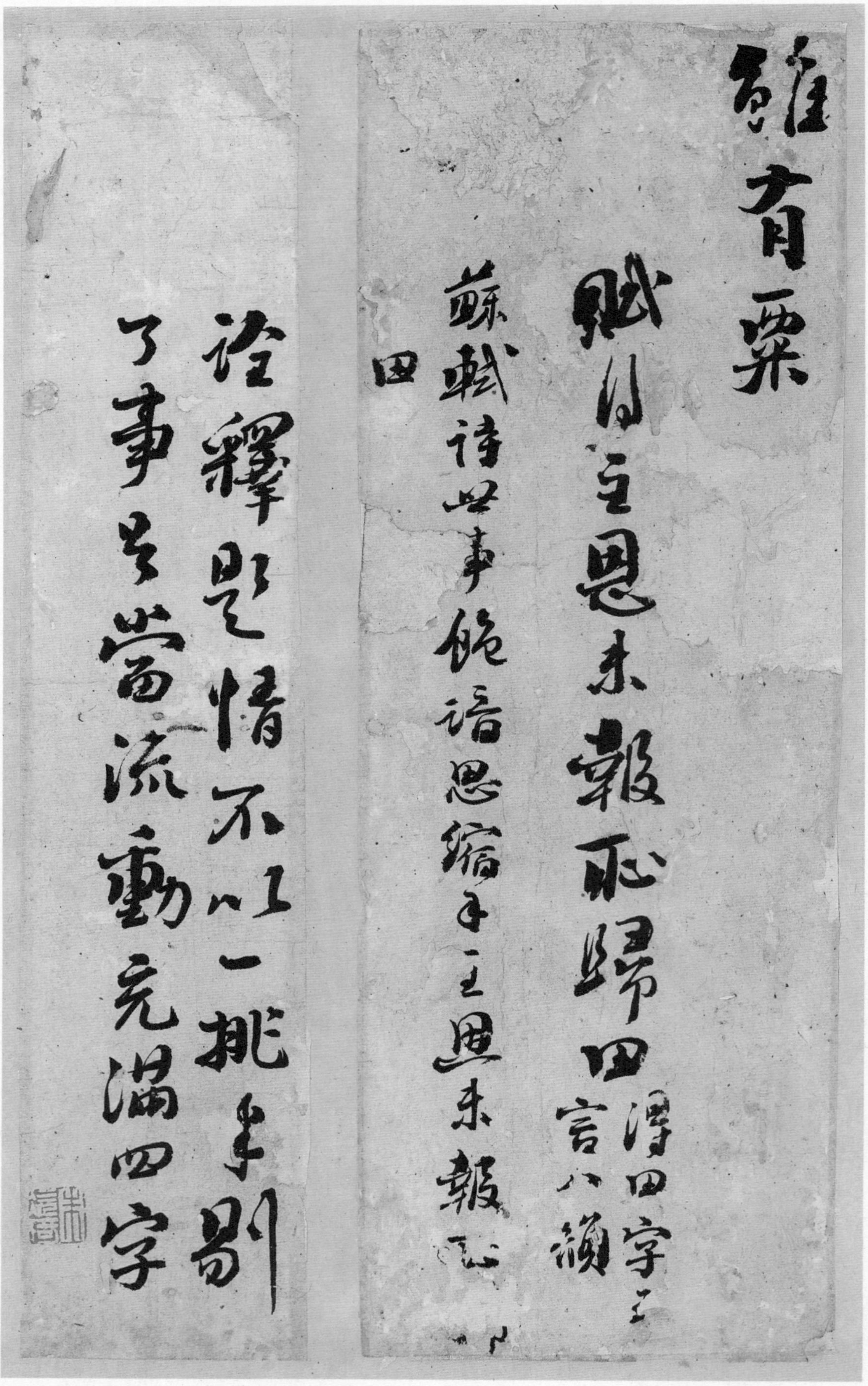

之四

雖有粟。賦得主恩未報恥歸田，得四字五言八韻。

蘇軾詩：世事飽諳思縮手，主恩未報耻歸田。

詮釋題情，不以一挑半剔了事，足當流動充滿四字。

之五

意能曲折，笔有餘妍。其詮釋『遇節憶家』處，尤為宛轉闊生，墨痕沁紙。

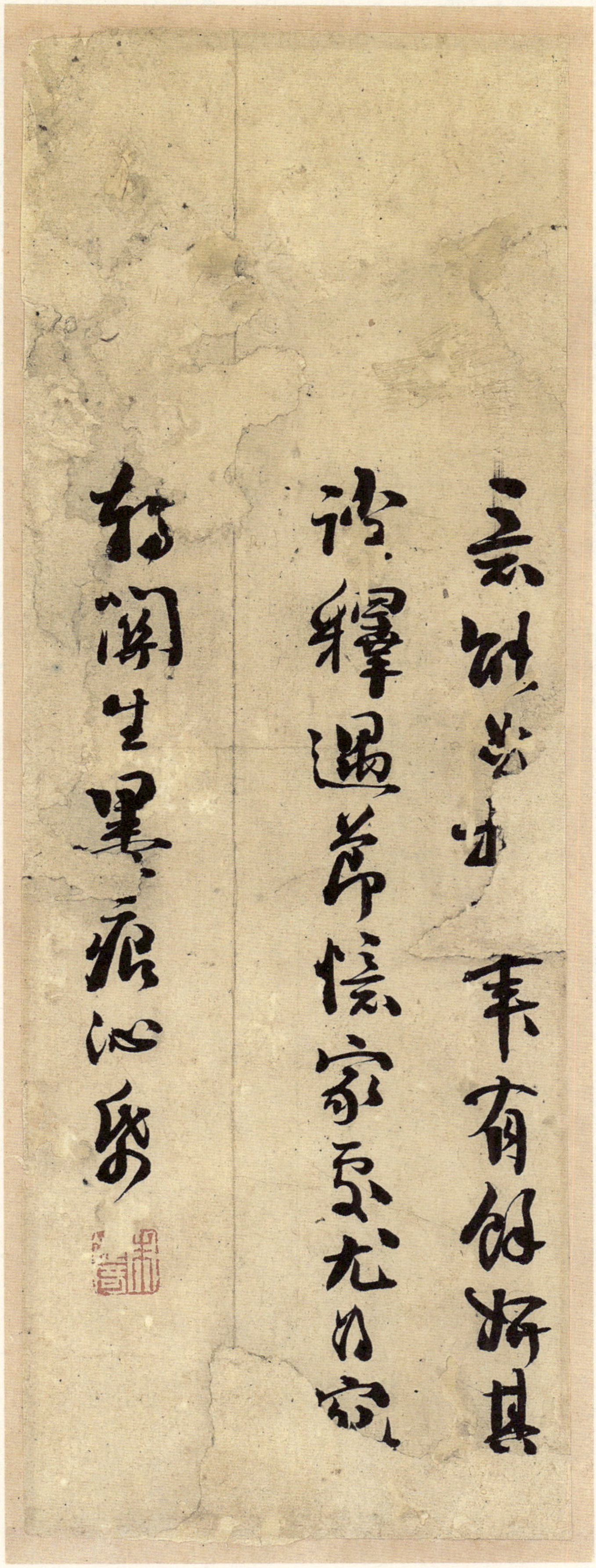

康有爲信函五通

信函之一

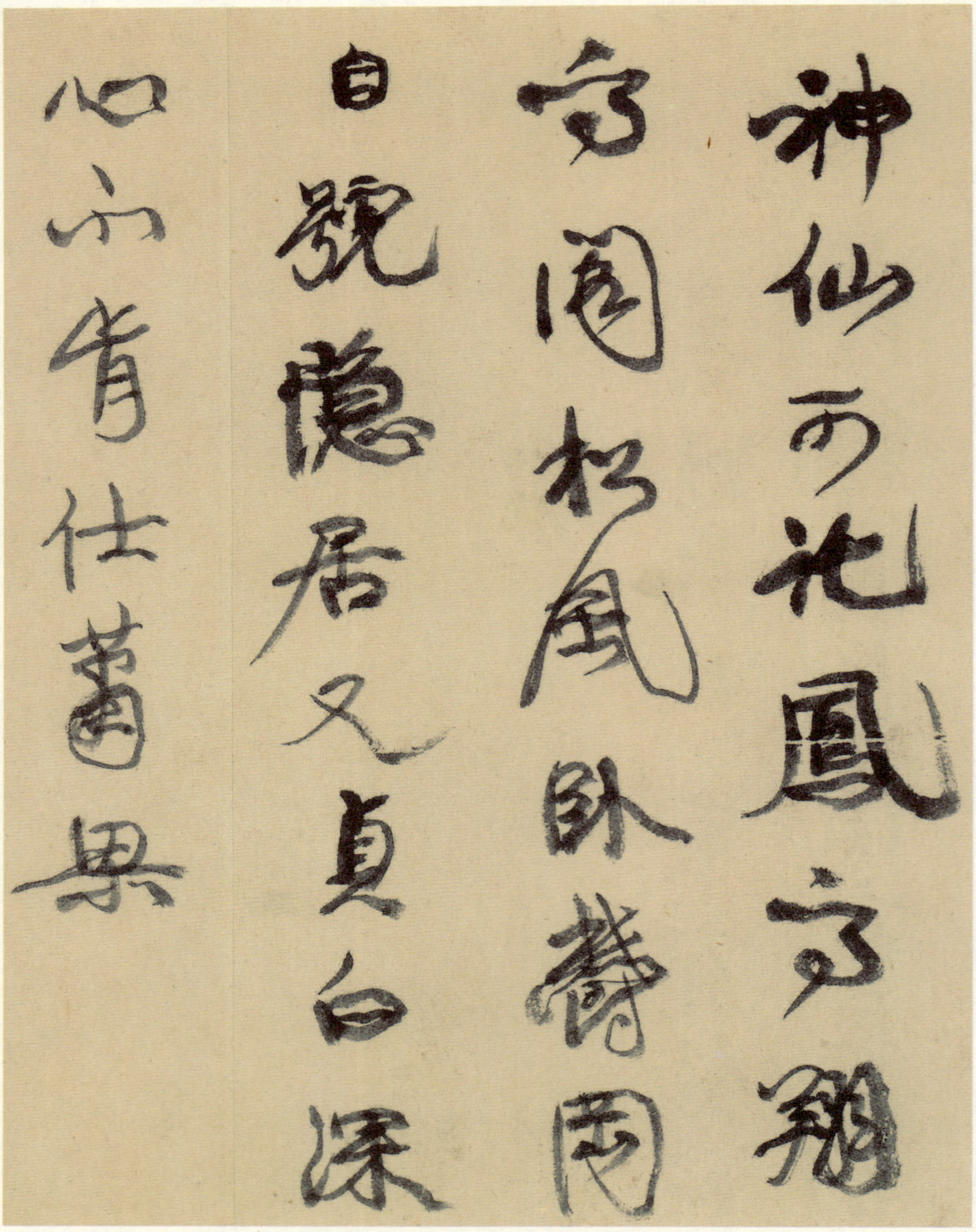
神仙可托鳳高翔
高閣松風臥鬱岡
自號隱居又貞白深
心不肯仕蕭梁

神仙可託鳳高翔，高閣松風臥鬱岡。自號隱居又貞白，深心不肯仕蕭梁。

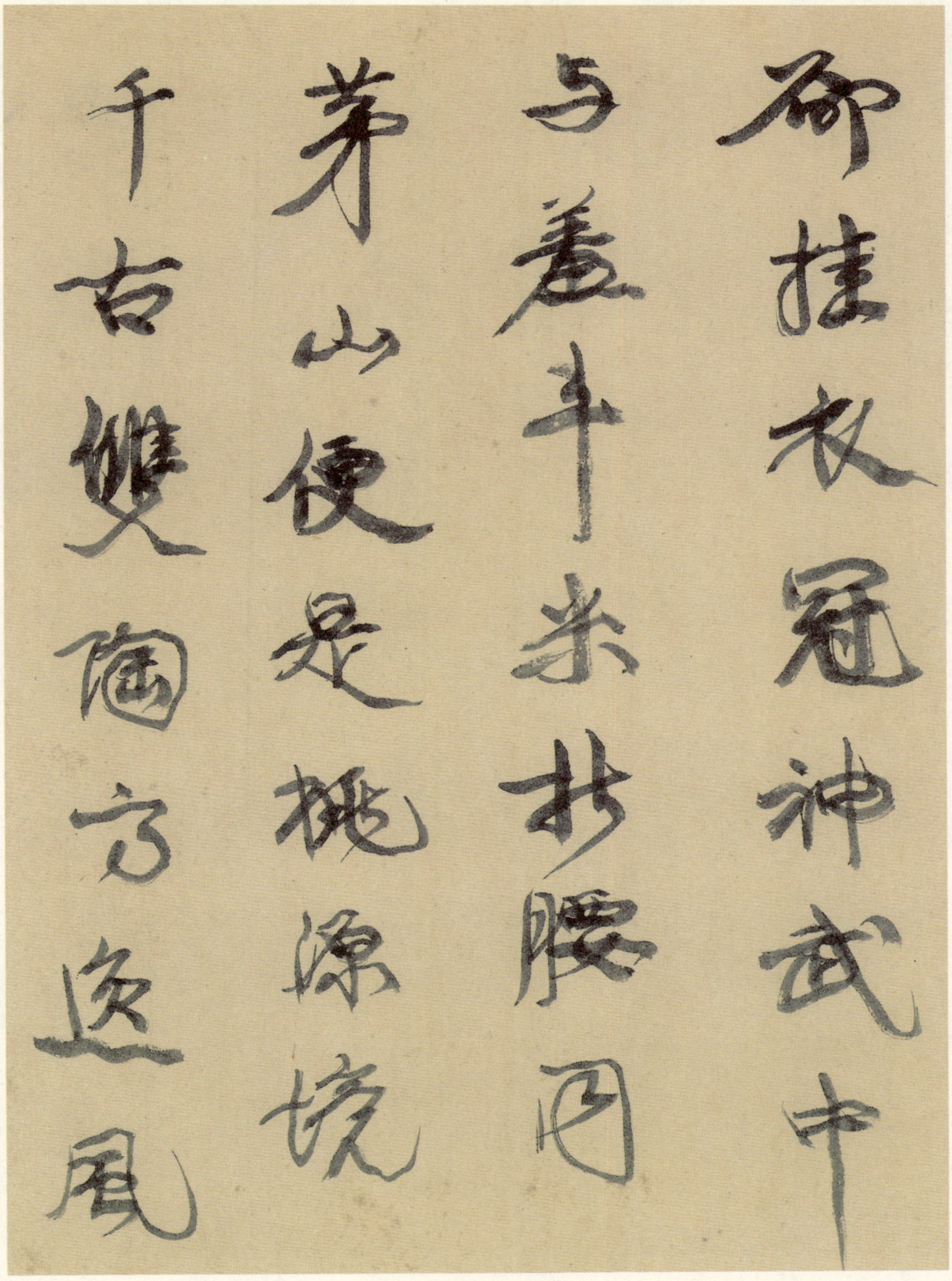

卻掛衣冠神武中，與羞斗米折腰同。
茅山便是桃源境，千古雙陶高逸風。

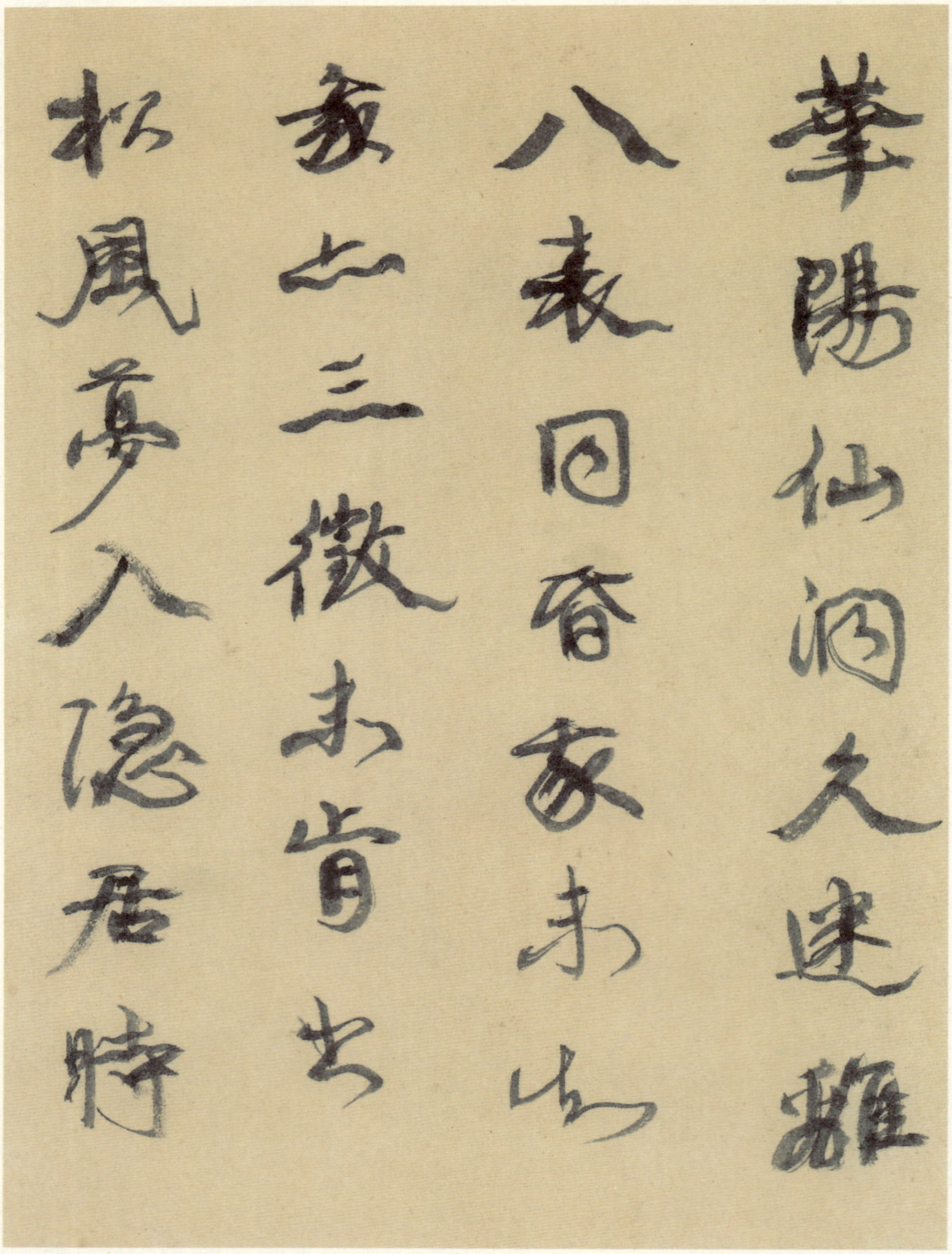

華陽仙洞久迷離，八表同昏我未知。
我亦三徵未肯出，松風夢入隱居時。

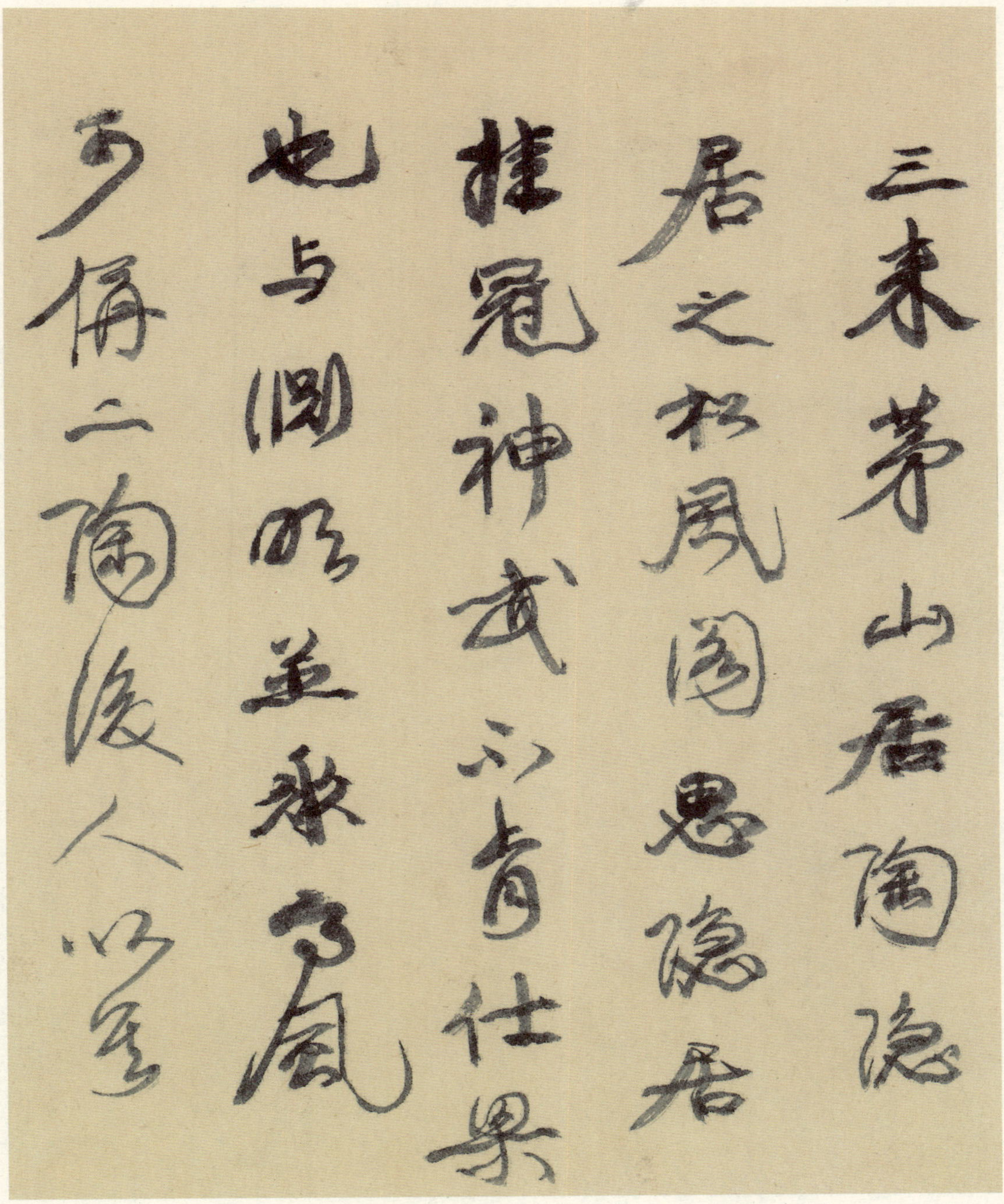

三來茅山，居陶隱居之松風閣，思隱居掛冠神武，不肯仕梁也。與淵明並垂高風，可稱二陶。後人以其

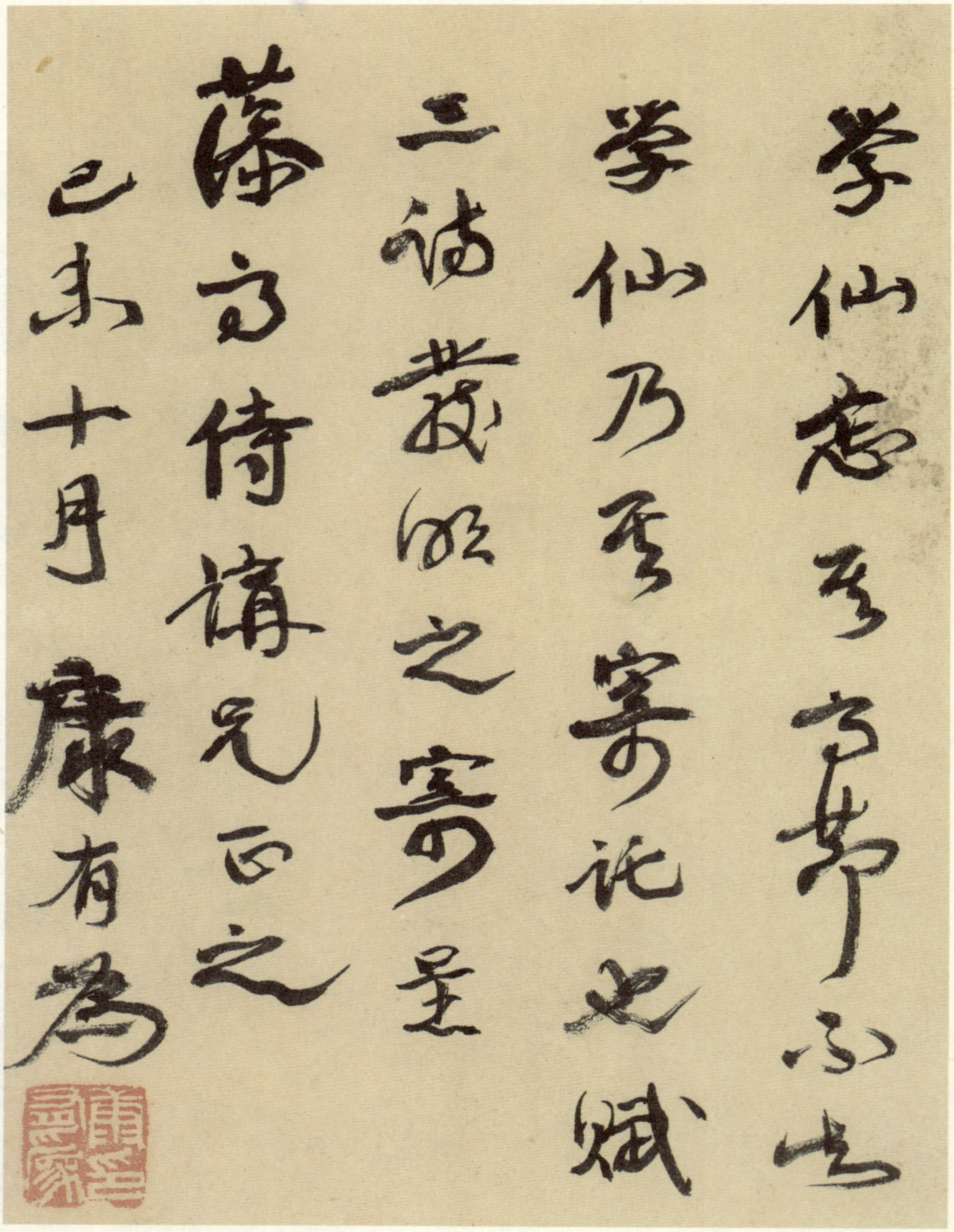

學仙忘其高節，不知學仙乃其寄託也。賦三詩發明之。寄呈藻亭侍講兄正之。己未十月，康有為。

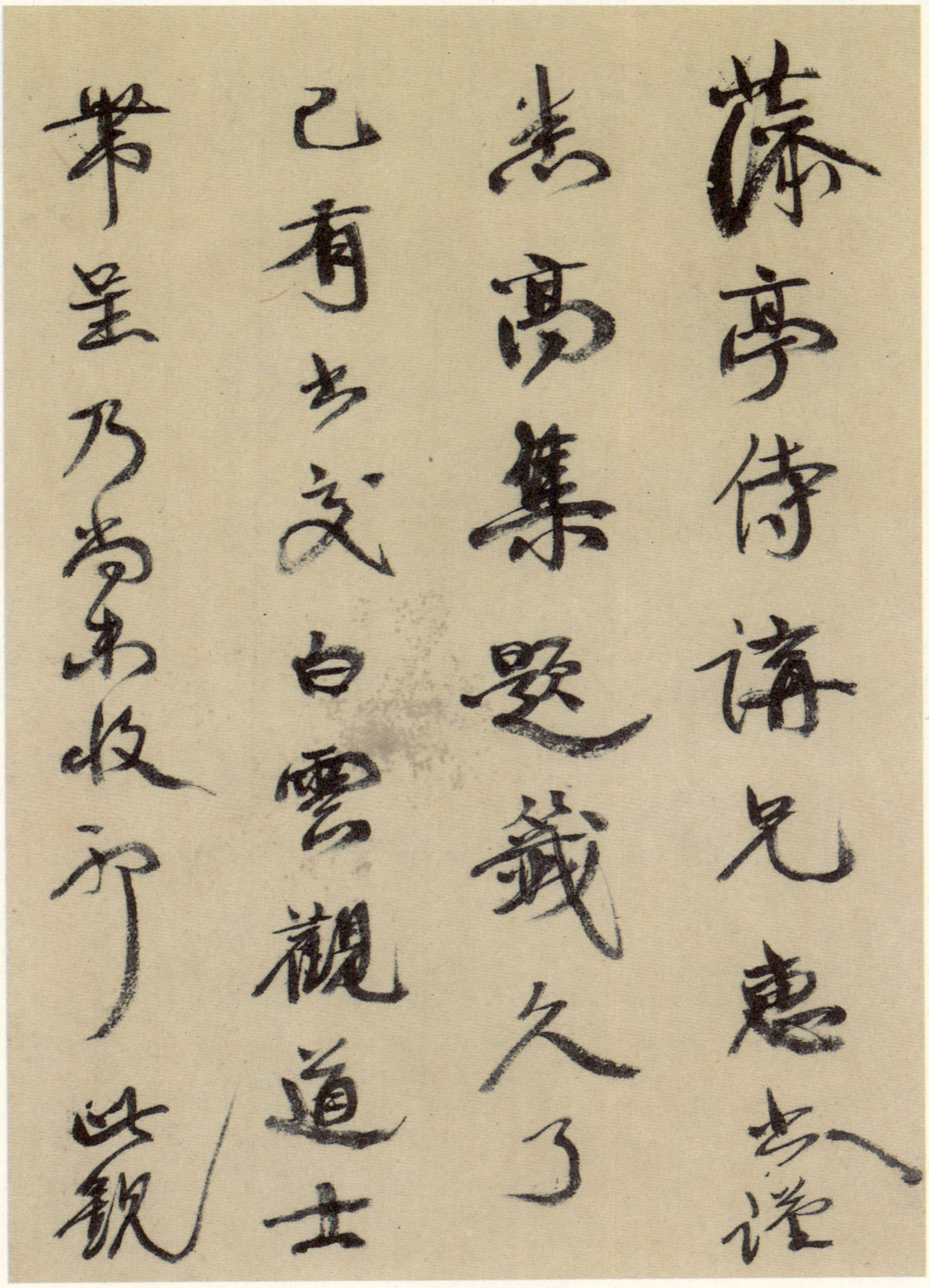

信函之二

藻亭侍講兄：惠書謹悉。高集題簽久了。已有書交白雲觀道士帶呈，乃尚未收耶？此觀

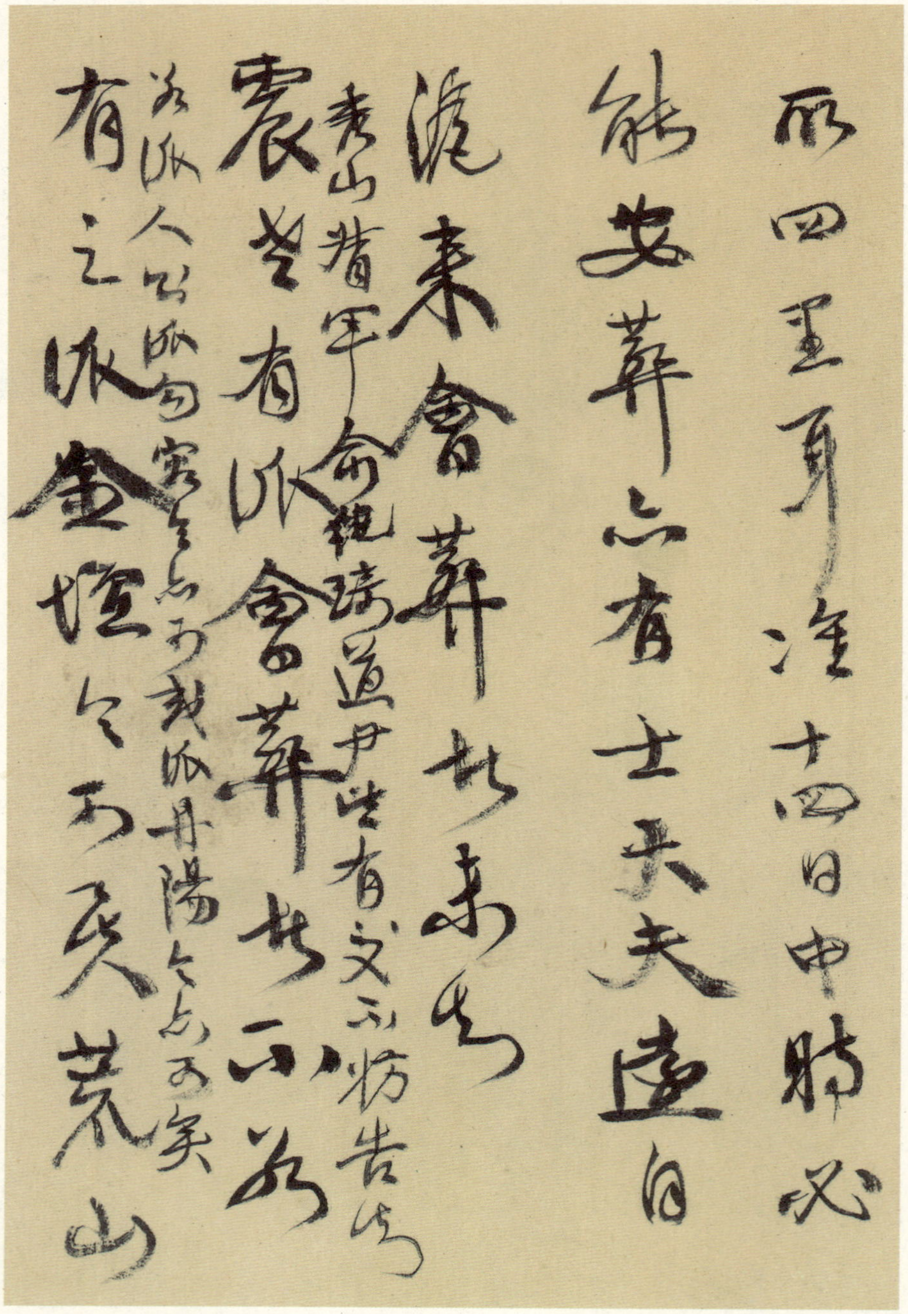

所四里耳。准十四日申時必能安葬。亦有士大夫遠自滬來會葬者，未知震老有派會葬者否？若有之，派金壇令可矣（秀山督軍、俞纪琦道尹皆有交，不妨告知，若派人則派句容令亦可，或派丹陽令亦可矣）。荒山

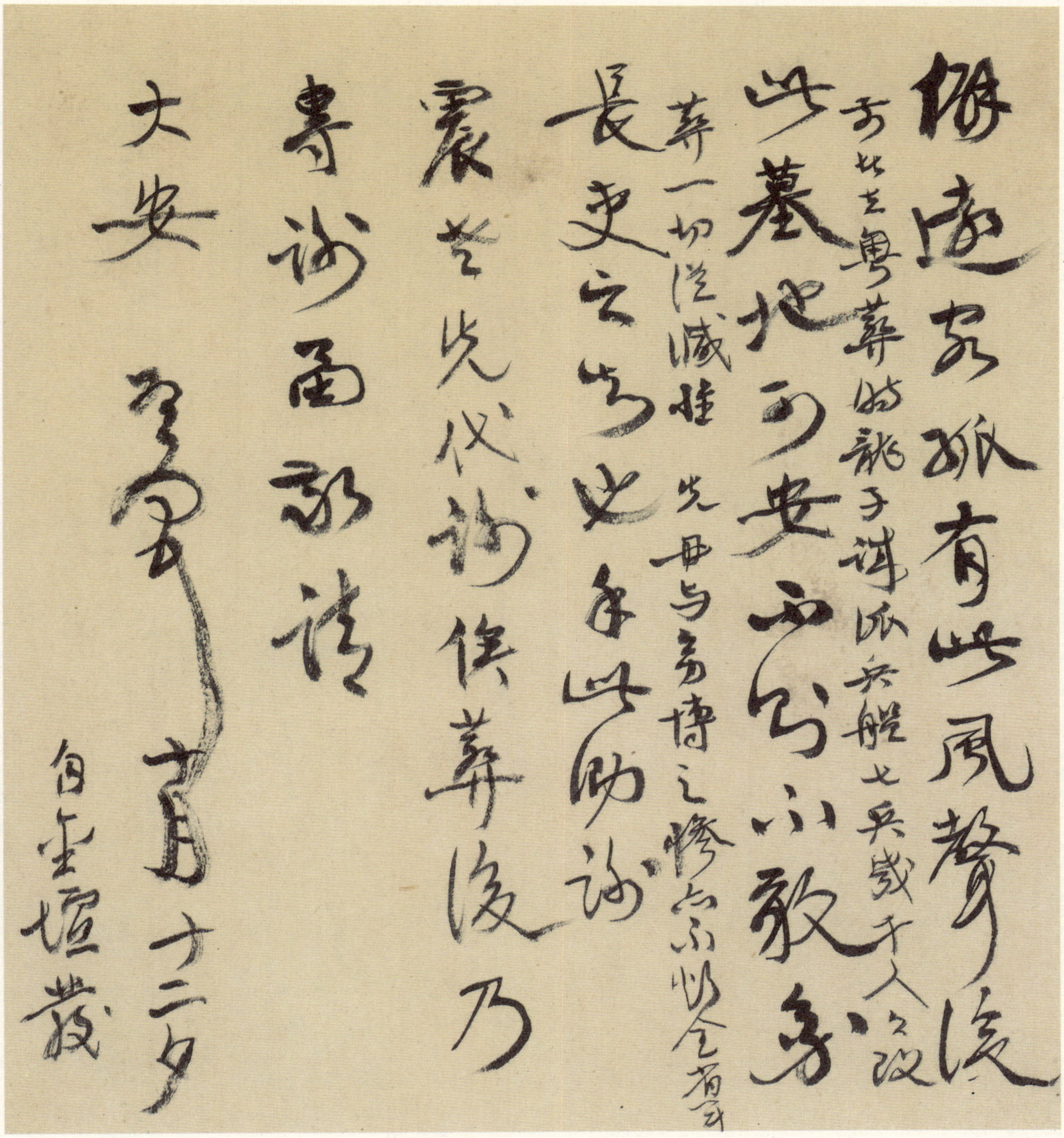

僻遠客孤，有此風聲後，此墓地可安。否則不敢勞長吏之知也（前者在粵葬時，龍子誠派兵艦七、兵幾千人。今改葬，一切從減（簡）。惟先母與幼博之慘，亦不煩全省聞）。手此泐謝。震老先代謝，俟葬後乃專謝函。敬請　大安。

有為頓首。十月十二夕。自金壇發。

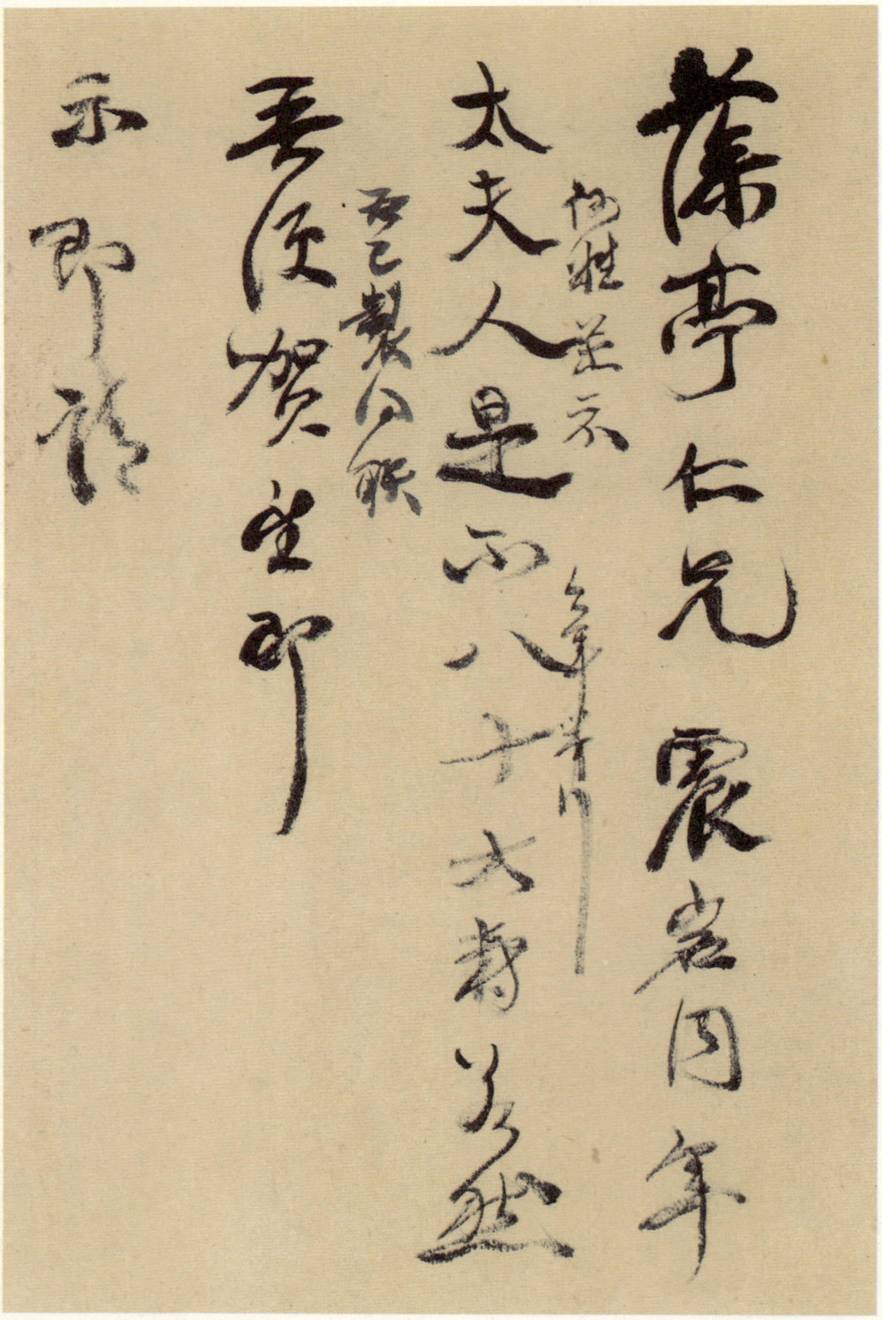

信函之三

藻亭仁兄：震岩同年太夫人（何姓並示）是不（今年舉行）八十大壽。若然，吾須賀（吾已制得聯）。望即示。即請

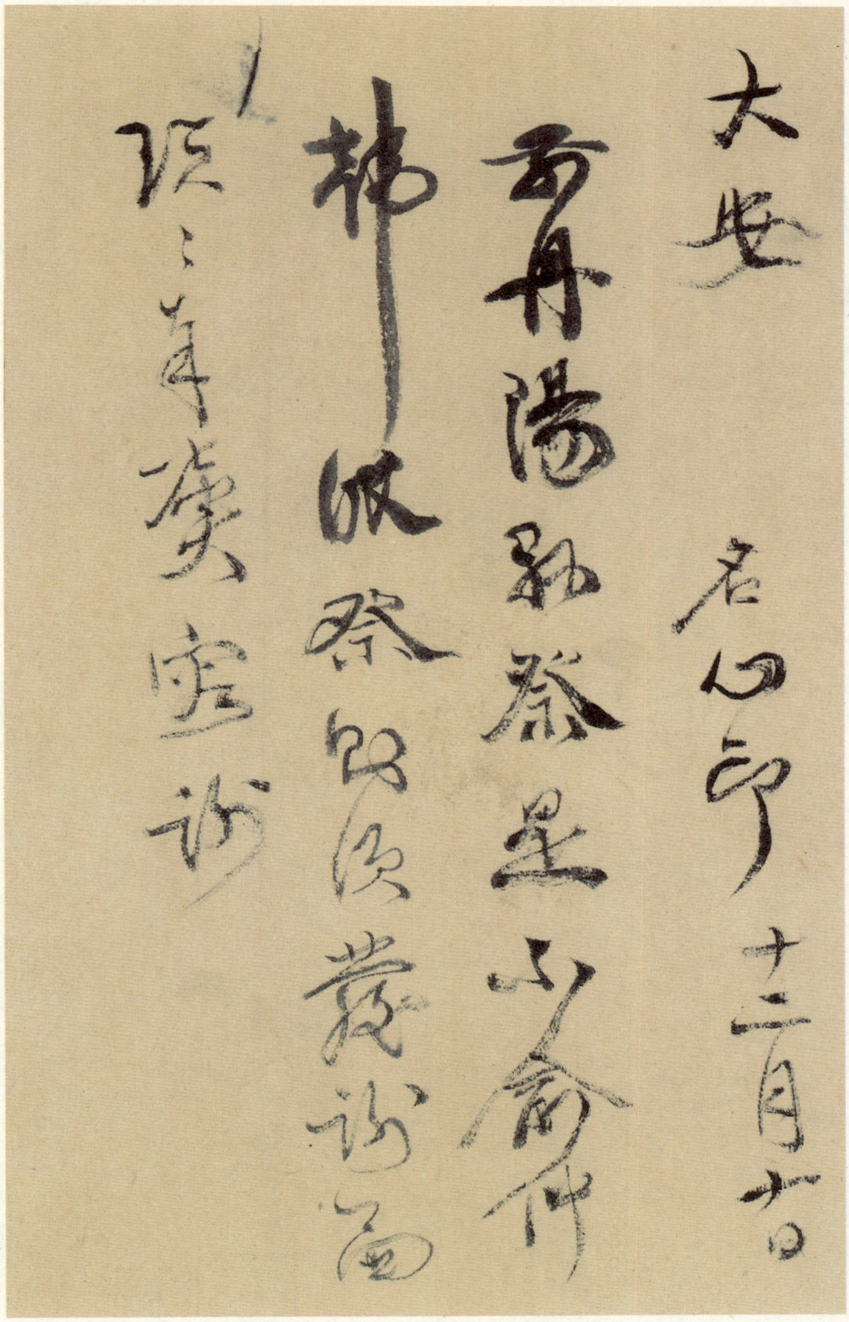

大安！

名心印。十二月十日。

前丹陽縣祭是不俞仲韓派祭？則須發謝函。瑣瑣奉瀆，容謝。

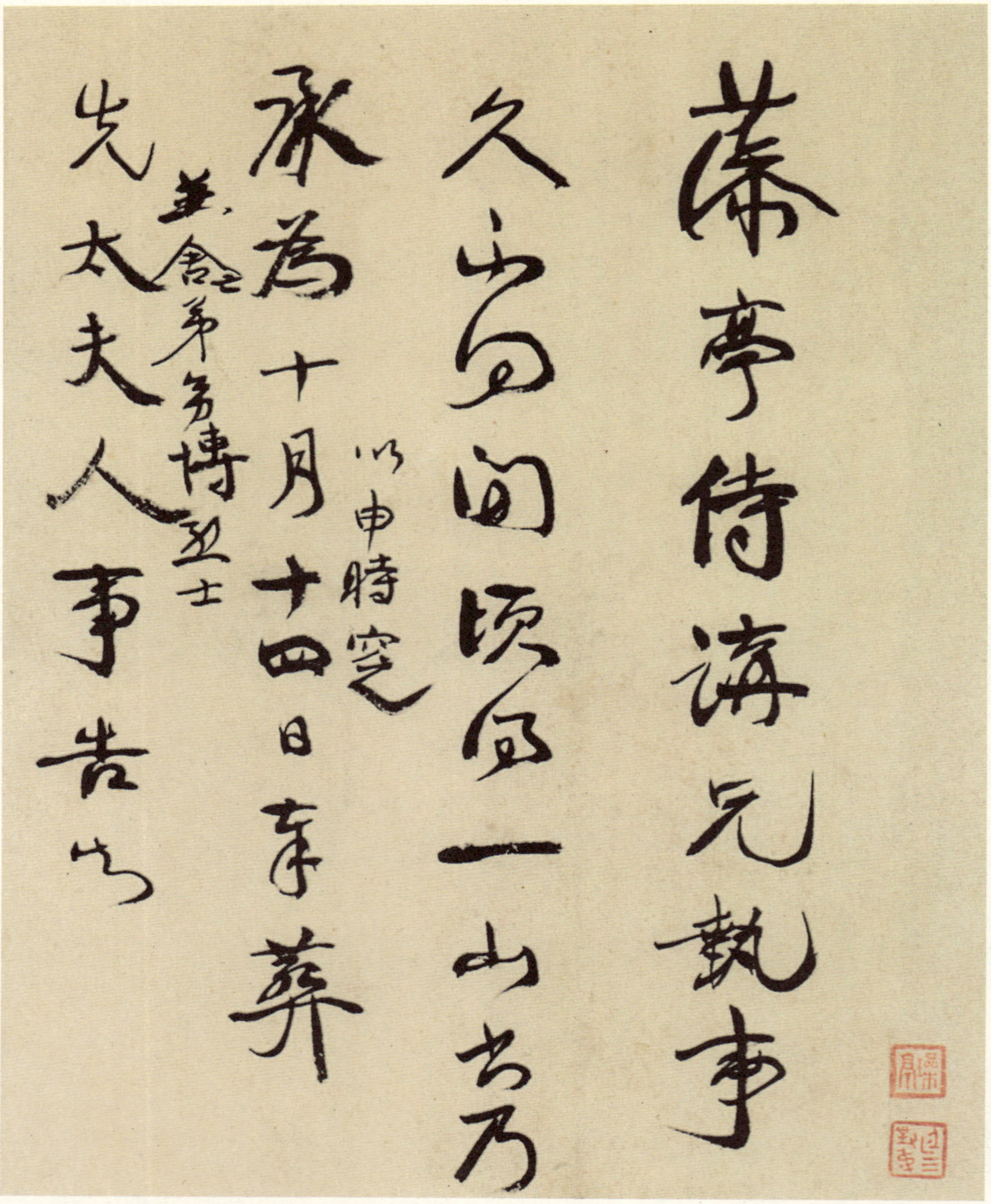

藻亭侍講兄執事：久不得問。頃得一山書，乃承為十月十四日奉葬（以申時窆）先太夫人（並舍亡弟幼博烈士）事，告知

信函之四

藻亭侍講兄執事：久不得問。頃得一山書，乃承為十月十四日奉葬（以申時窆）先太夫人（並舍亡弟幼博烈士）事，告知

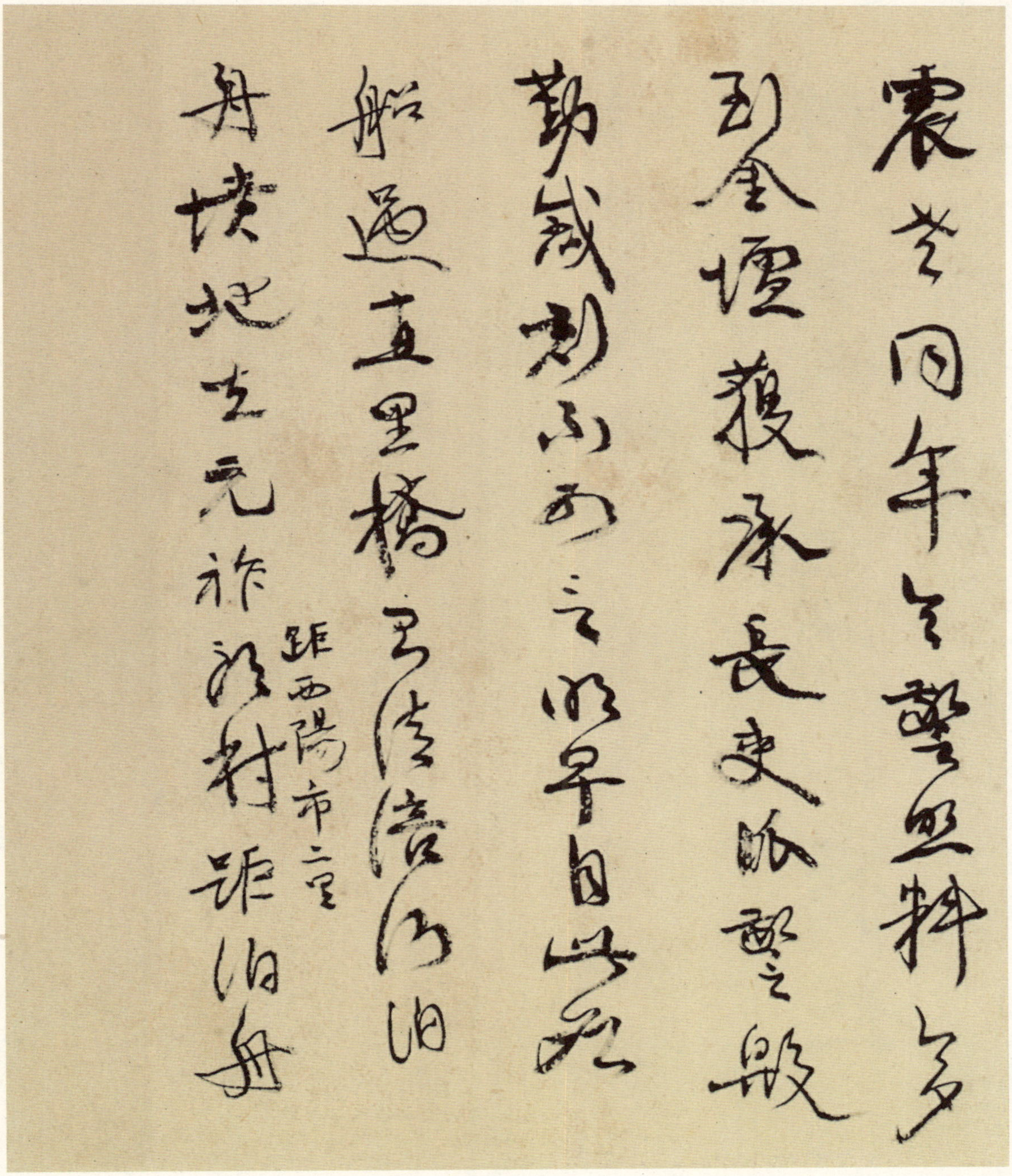

震老同年，令警照料。今夕到金壇，獲承長吏派警殷勤，感刻不可言。明早自此登船過直里橋，則請涪河泊舟。墳地在元祚頭村，距（距西陽市二里）泊舟。

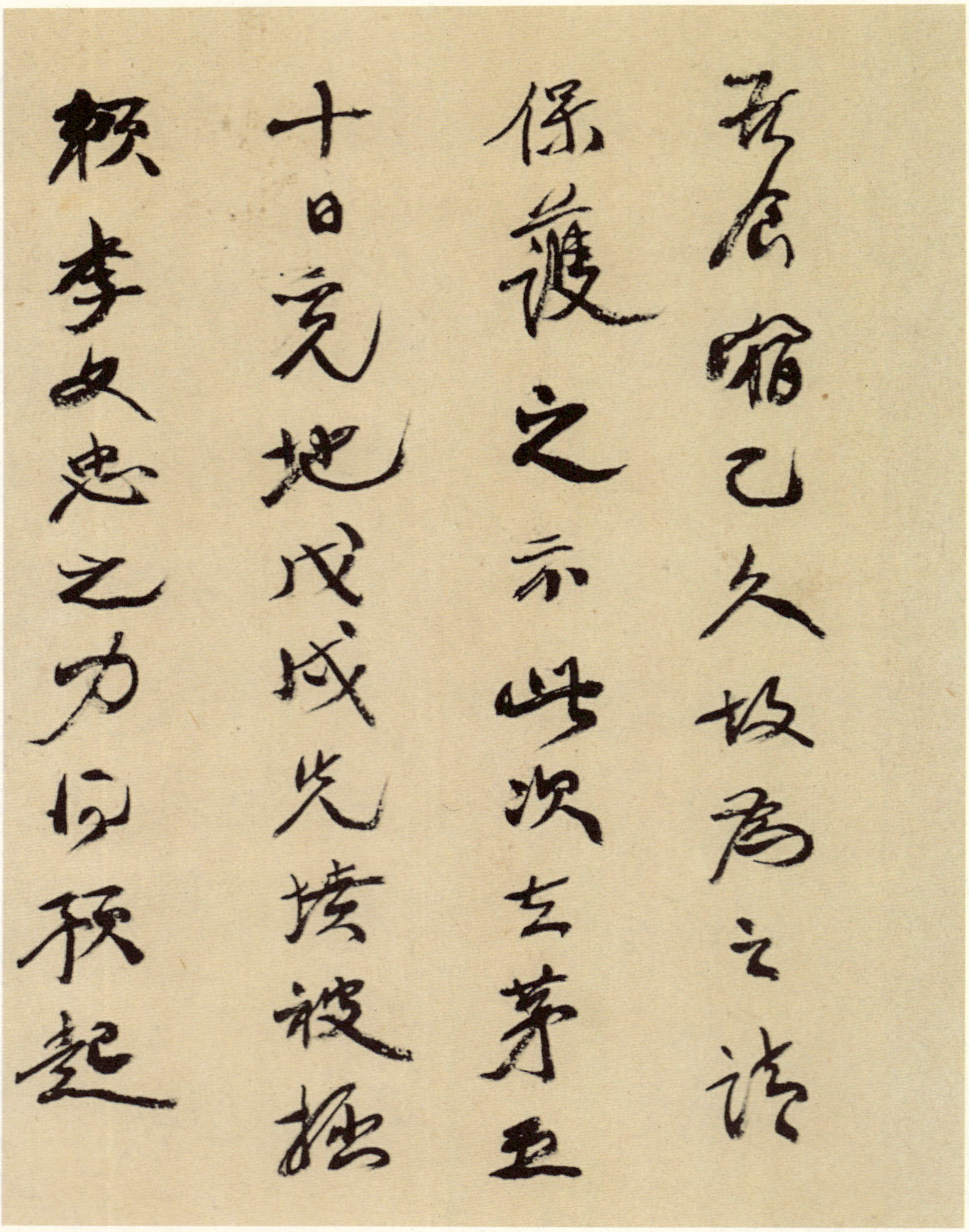

吾食宿已久，故為之，請保護之。示此次在茅五十日覓地。戊戌先墳被掘，賴李文忠之力，得預起

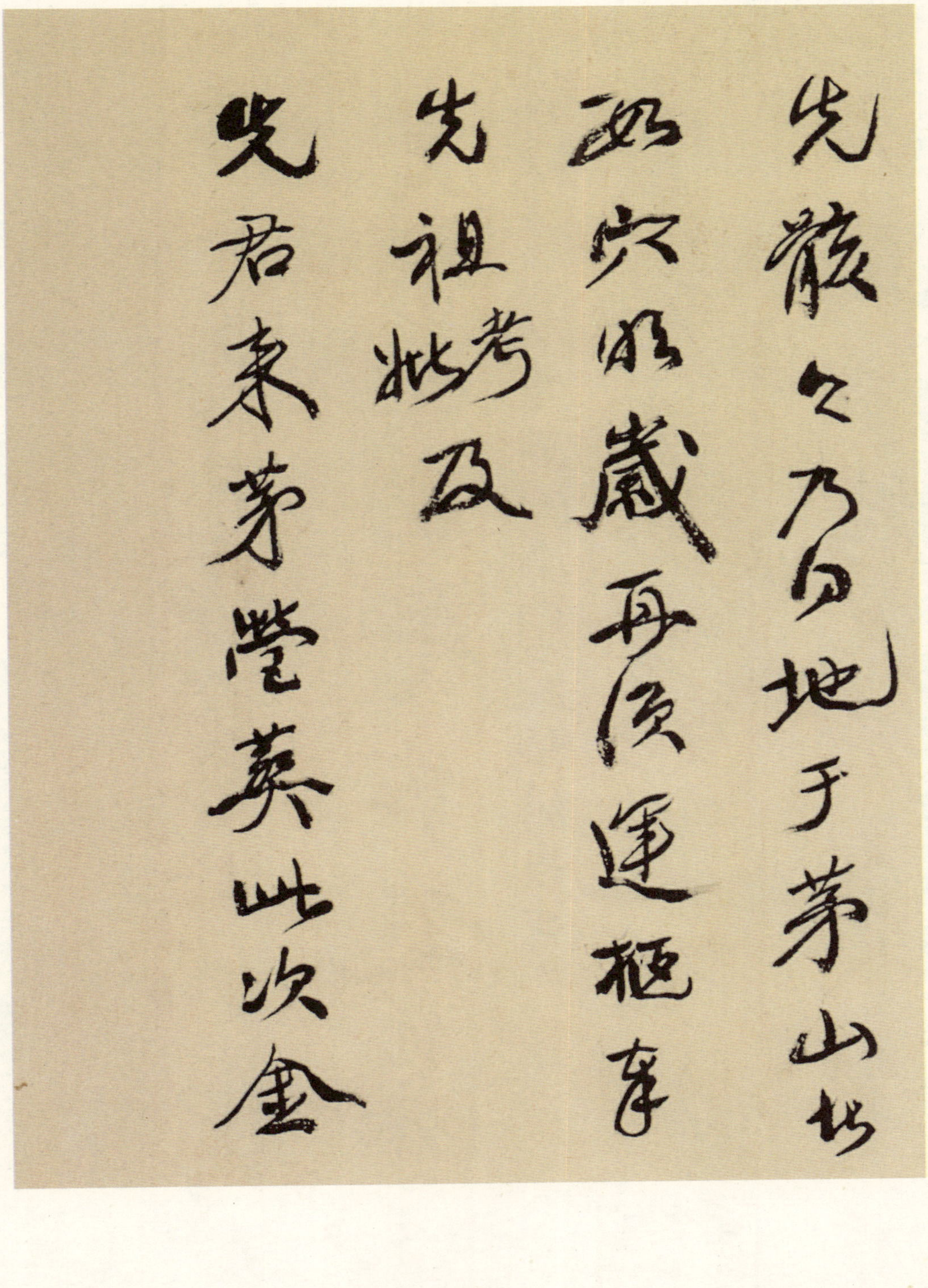

先骸。今乃得地於茅山者數穴，明歲再須運柩奉先祖考妣及先君來茅營葬。此次金

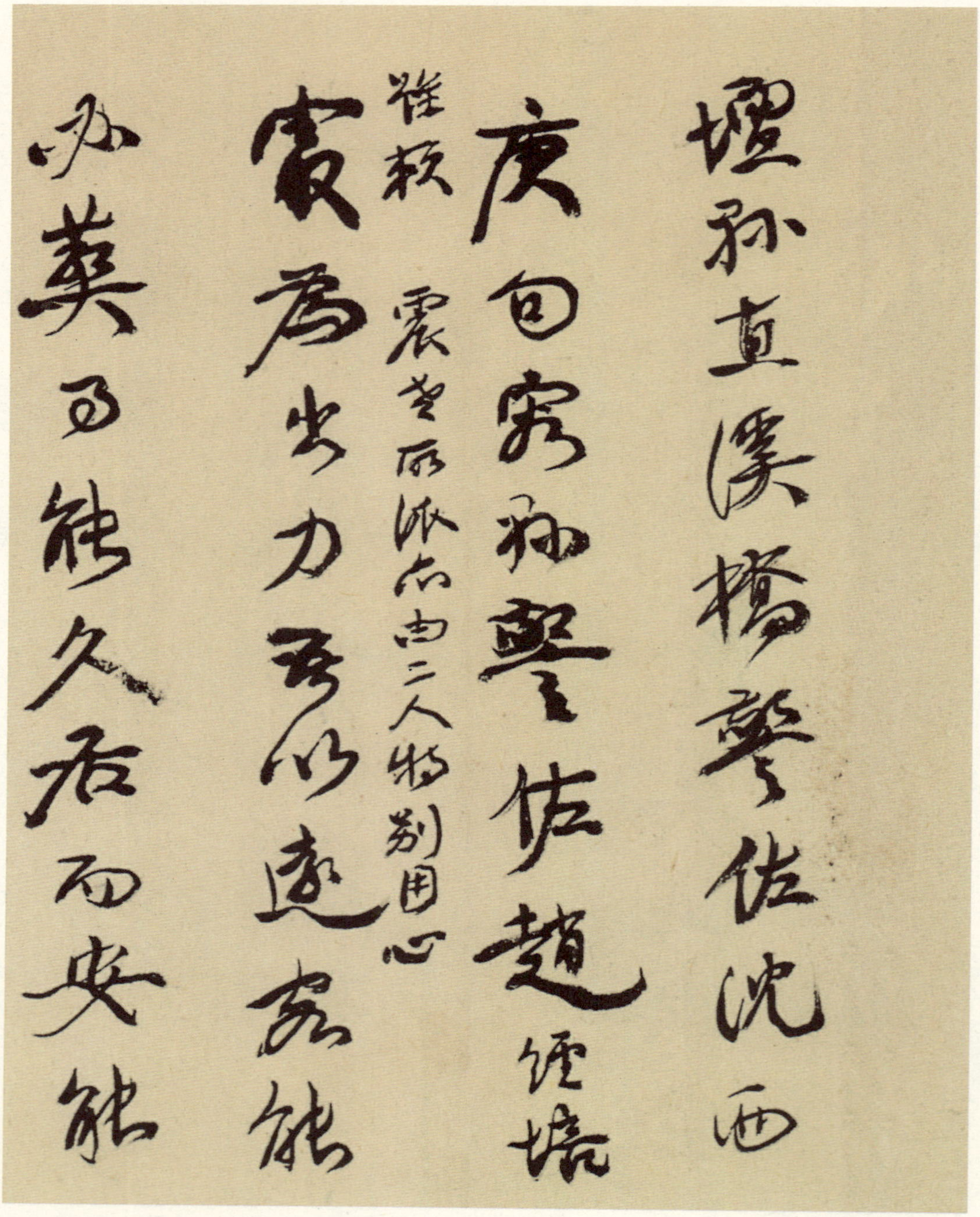

壇縣直溪橋警佐沈西庚、句容縣警佐趙經培最為出力。（雖賴震老所派，亦由二人特別用心。）吾以遠客，能辨葬事、能久居而安、能

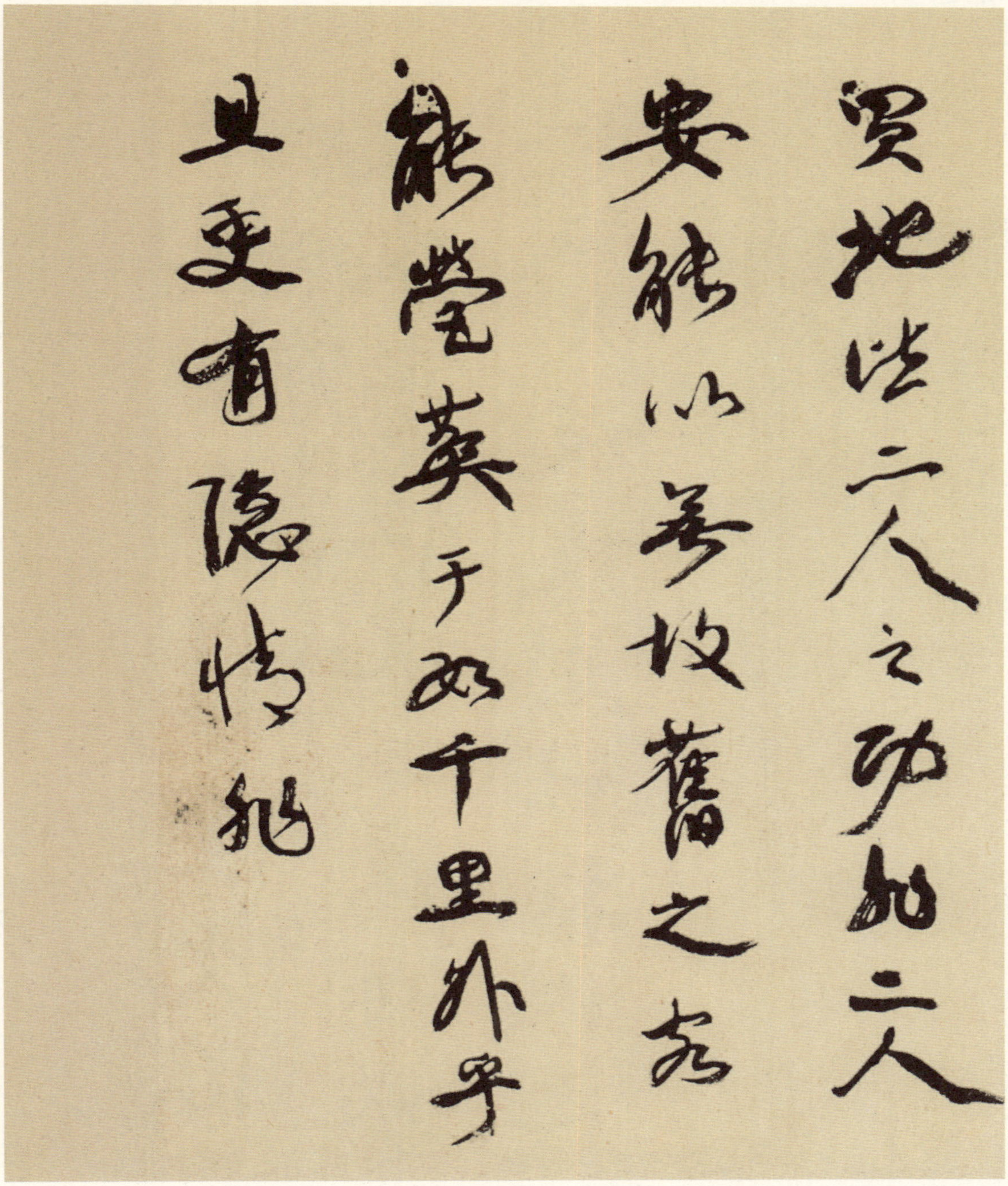

買地，皆二人之功。非二人，安能以無故舊之客，能營葬於數千里外乎？且更有隱情，非

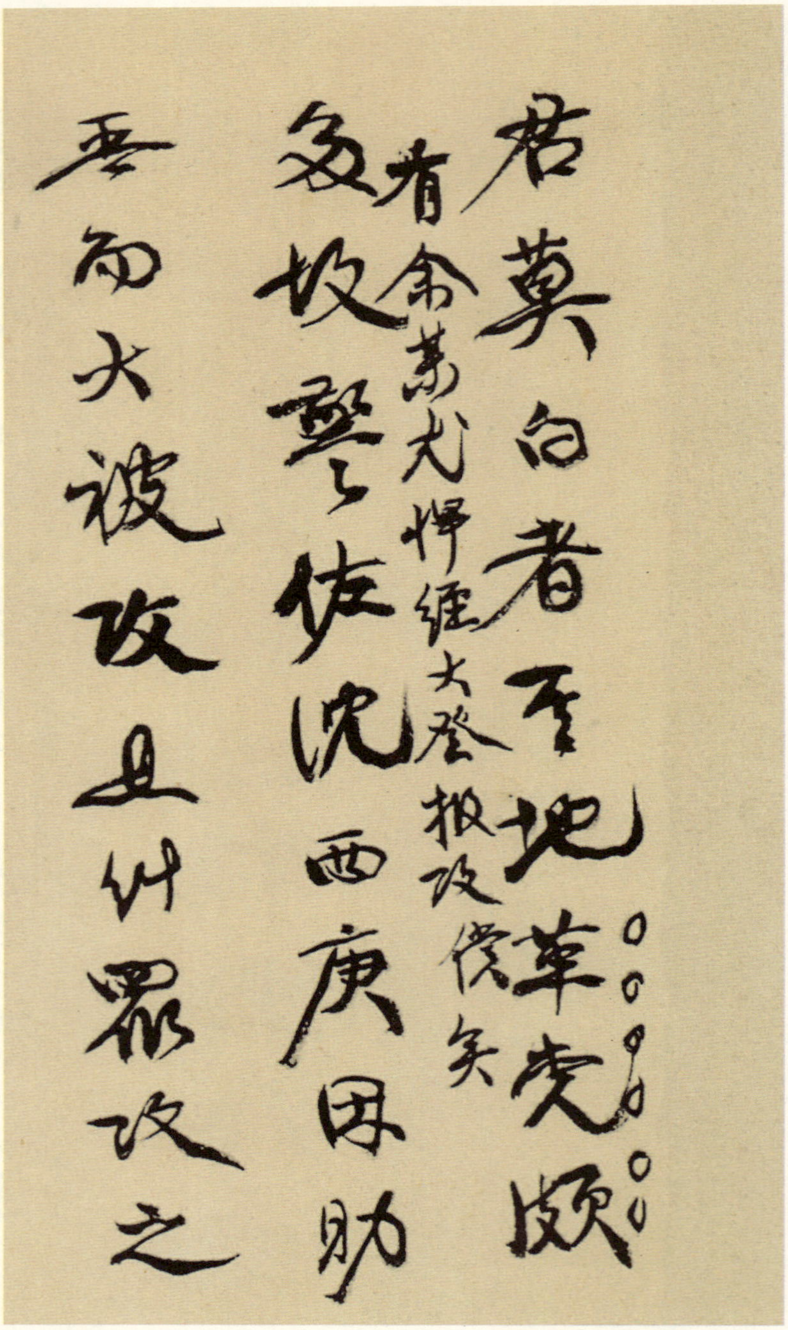

君莫白者：其地革黨頗多，（有余某尤悍，經大登報攻儧矣。）故警佐沈西庚因助吾而大被攻，且糾眾攻之，

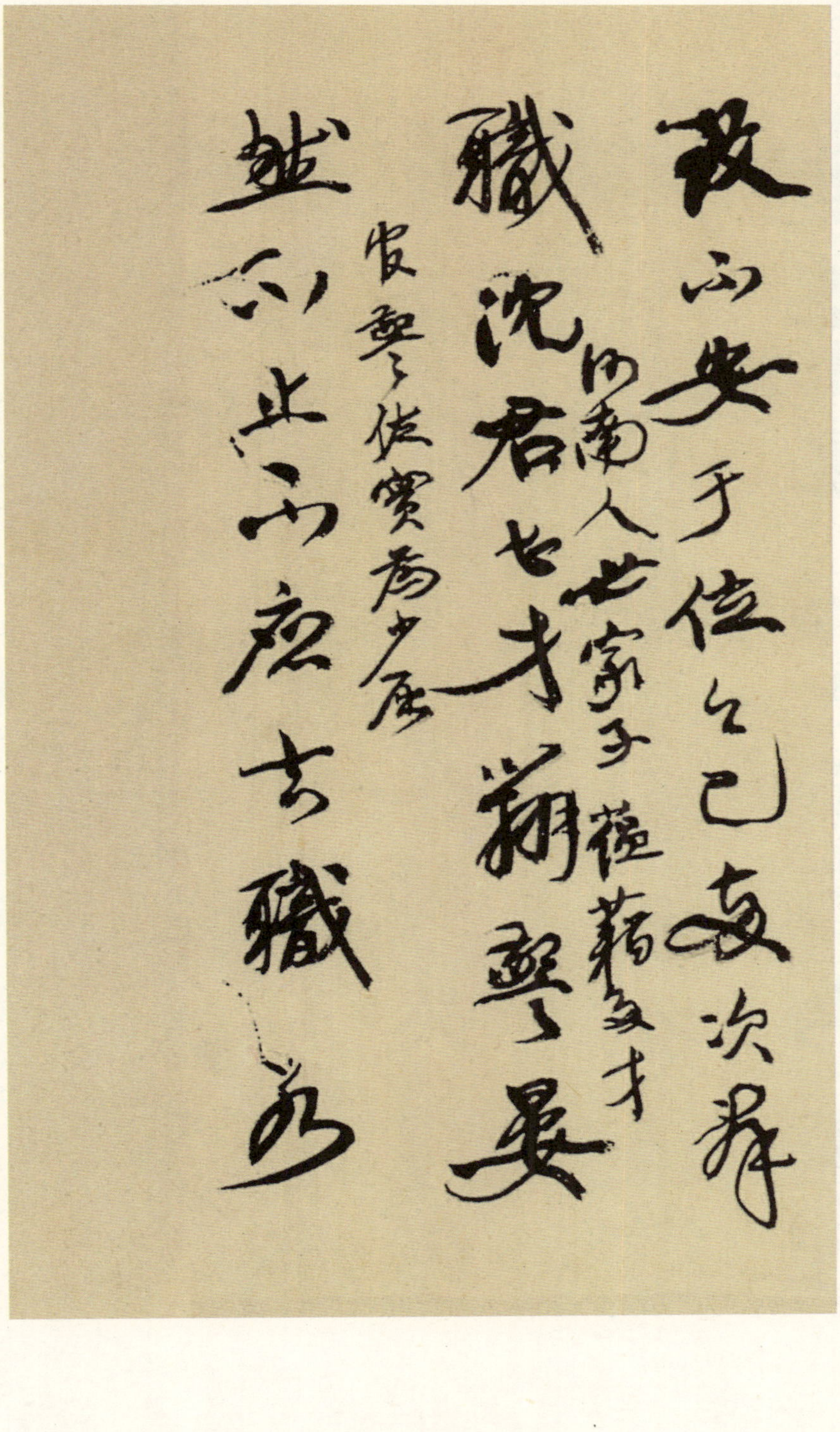

致不安於位，今已兩次辭職。沈君甚才，（河南人，世家子，蘊藉多才。官警佐實為少屈。）辦警晏然。不止不應去職。若

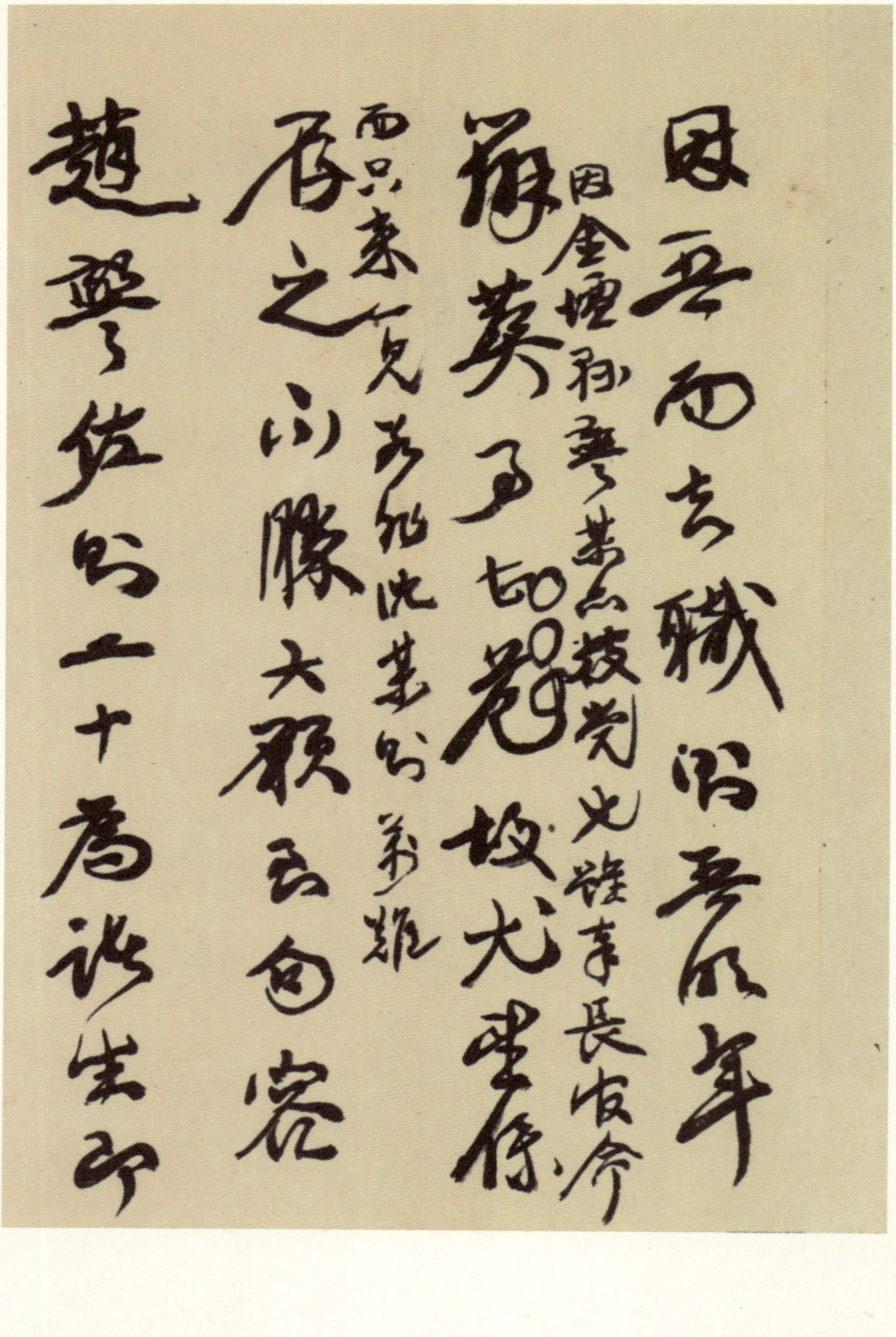

因吾而去職，則吾明年辦葬事甚危（因金壇縣警某亦彼黨也，雖奉長官命而只來一見，若非沈某則萬難），故尤望保存之，不勝大願。至句容趙警佐，則二十為諸生，即

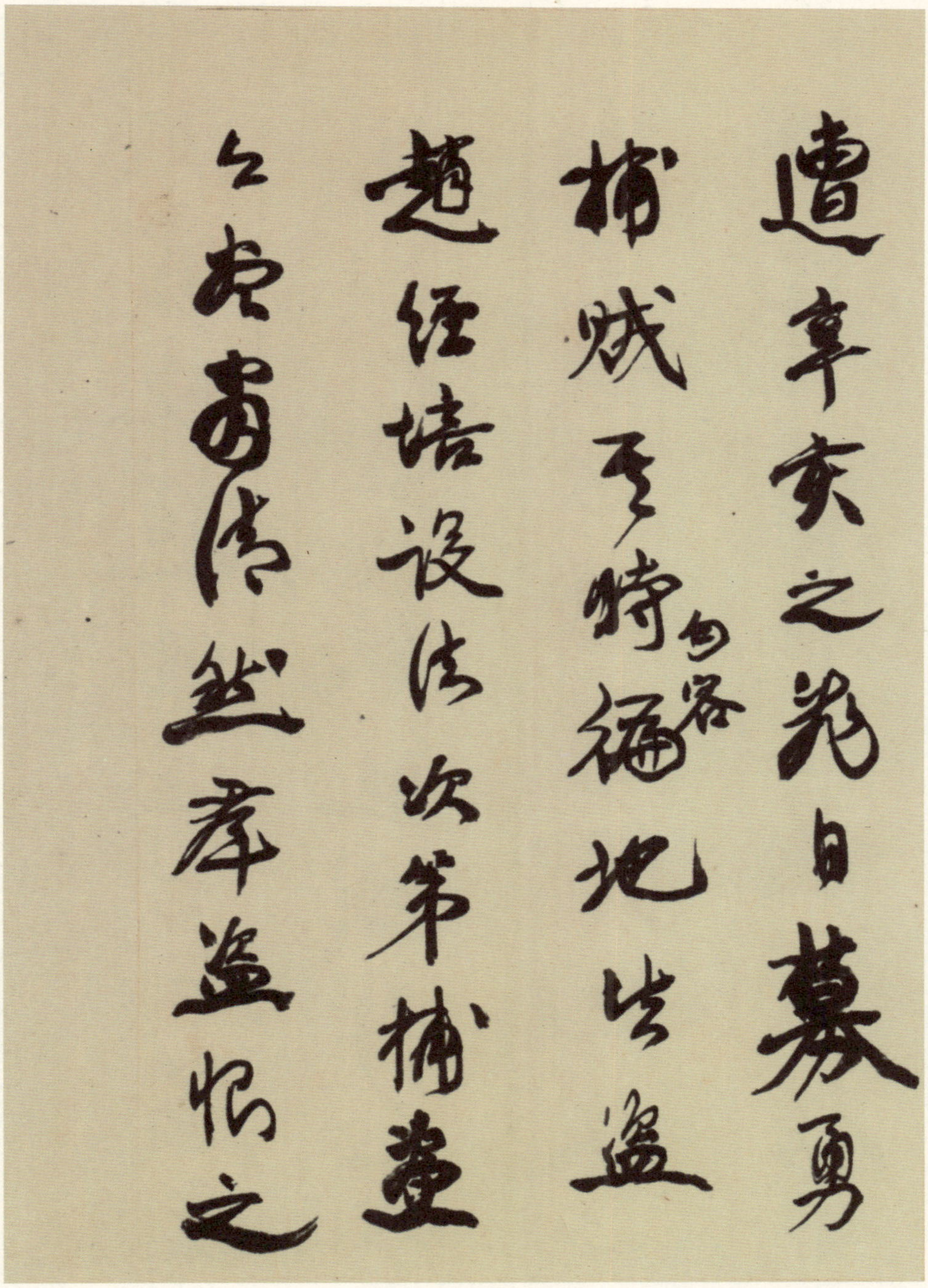

遭辛亥之亂，自募勇捕賊。其時（句容）遍地皆盜，趙經培設法次第捕盜，今盡肅清。然群盜恨之

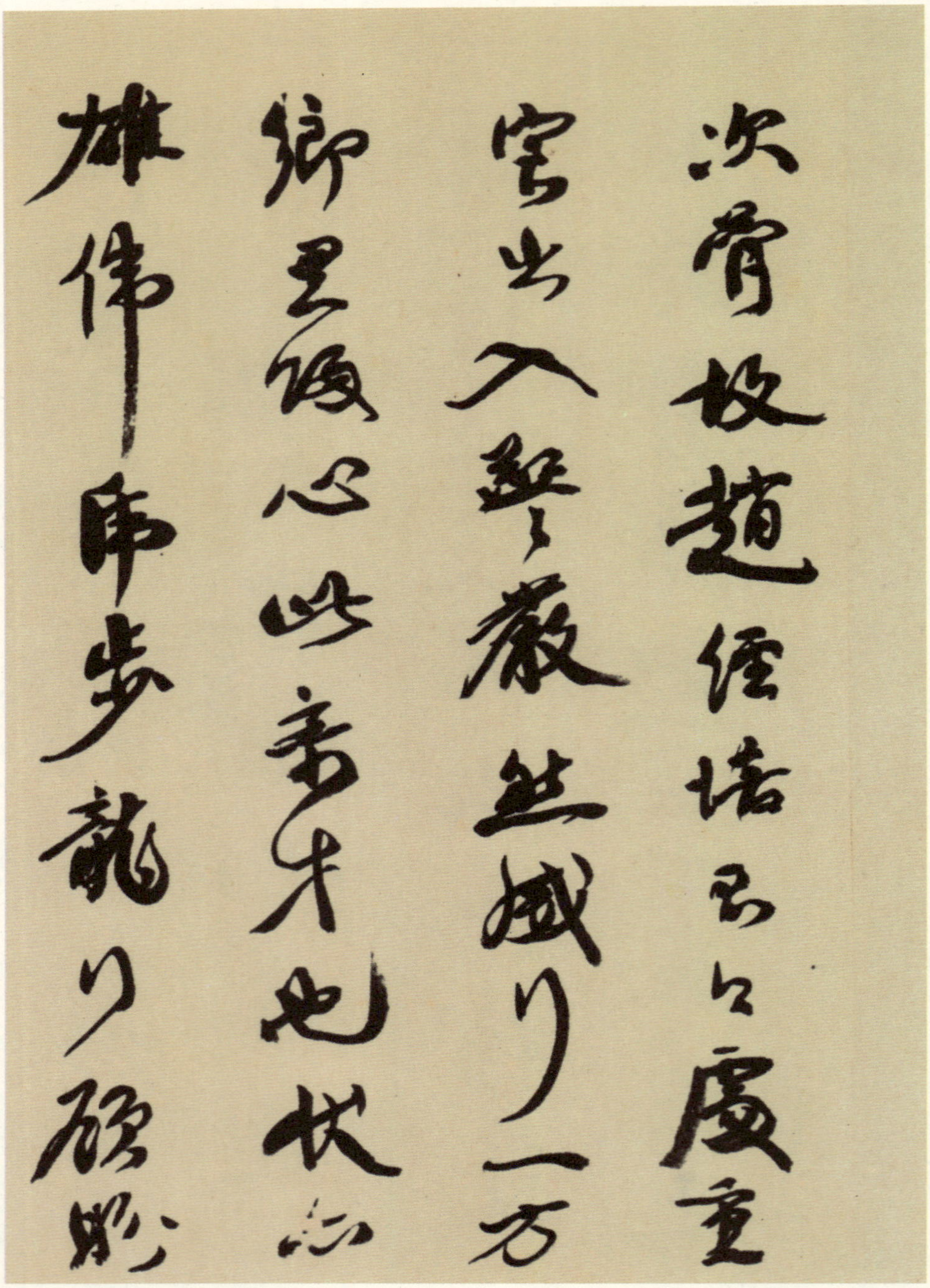

次骨，故趙經培至今處重室，出入警嚴。然威行一方，鄉里歸心。此奇才也，狀亦雄偉，虎步龍行，顧盼

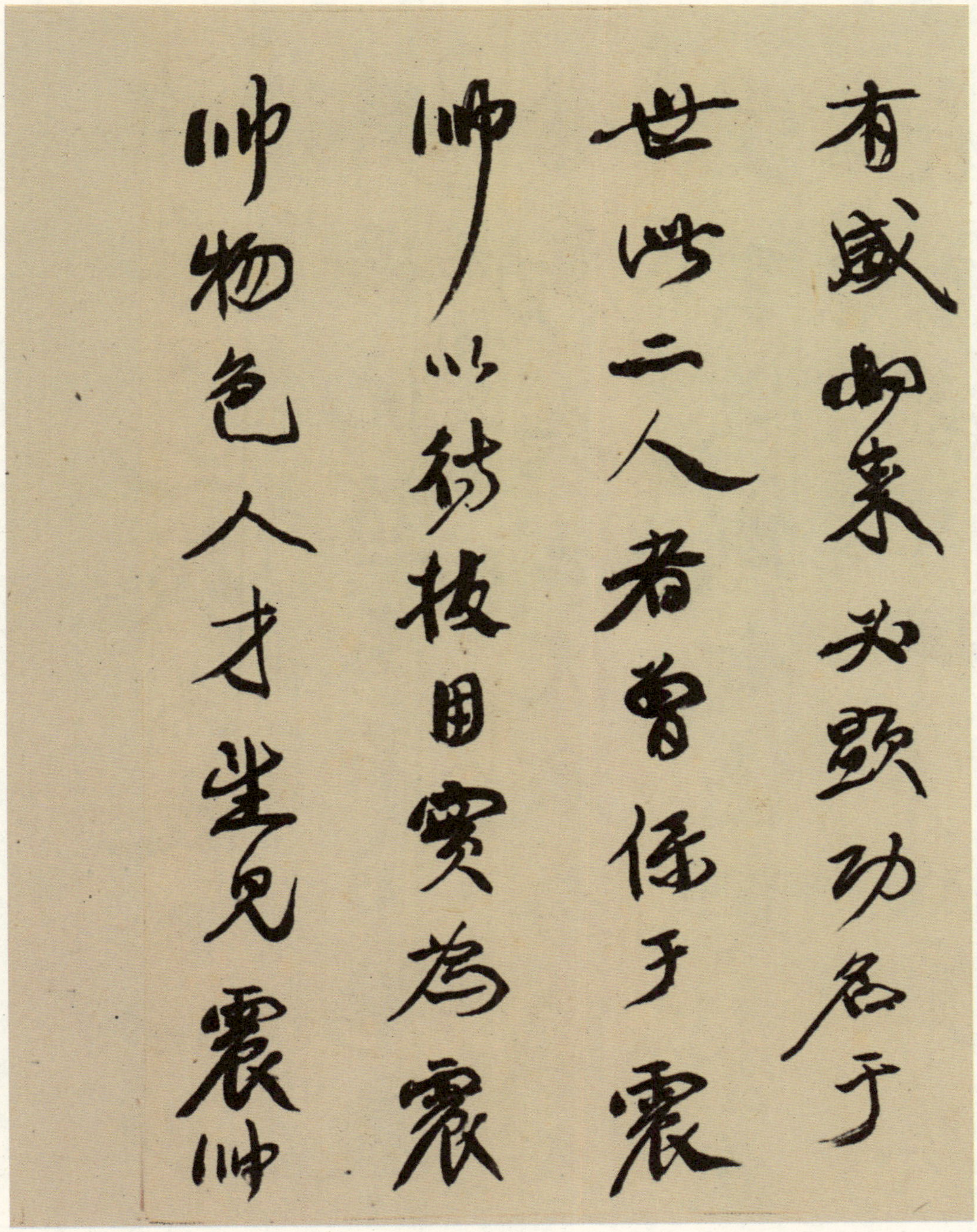

有威，將來必顯功名於世。此二人者，曾保於震帥，以待拔用，實為震帥物色人才。
望見震帥

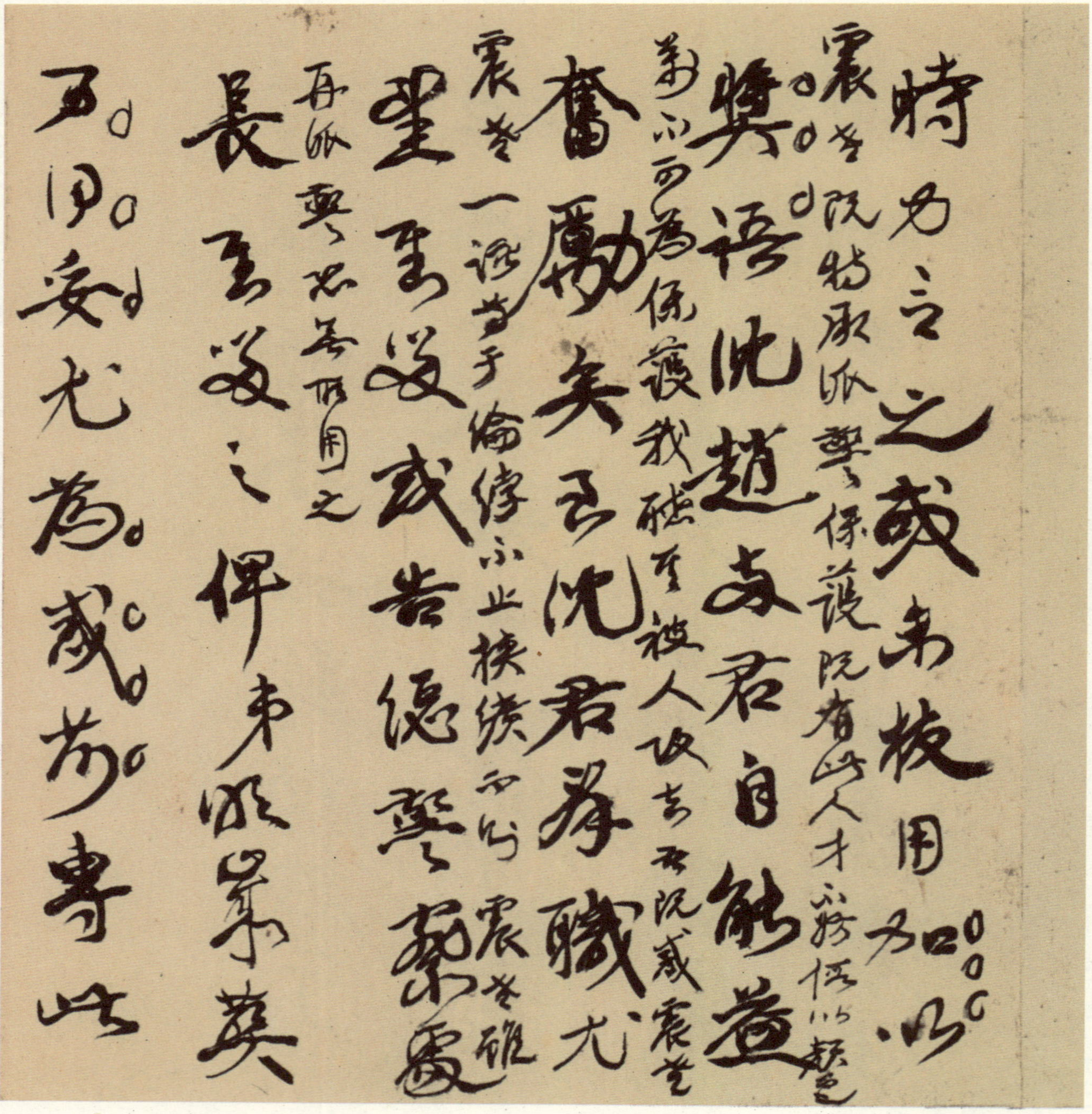

時力言之，或未拔用，加以獎語。沈、趙兩君，自能益奮勵矣。（震老既特承派警保護，既有此人才，不妨假以顏色，萬不可為保護我，聽其被人攻去。吾既感震老，震老一語，等於綸綍，不止挾纊。不則震老雖再派警，恐無所用之。）至沈君辭職，尤望慰留，或告總警察處長慰留之，俾弟明歲葬事得妥，尤為感荷。專此

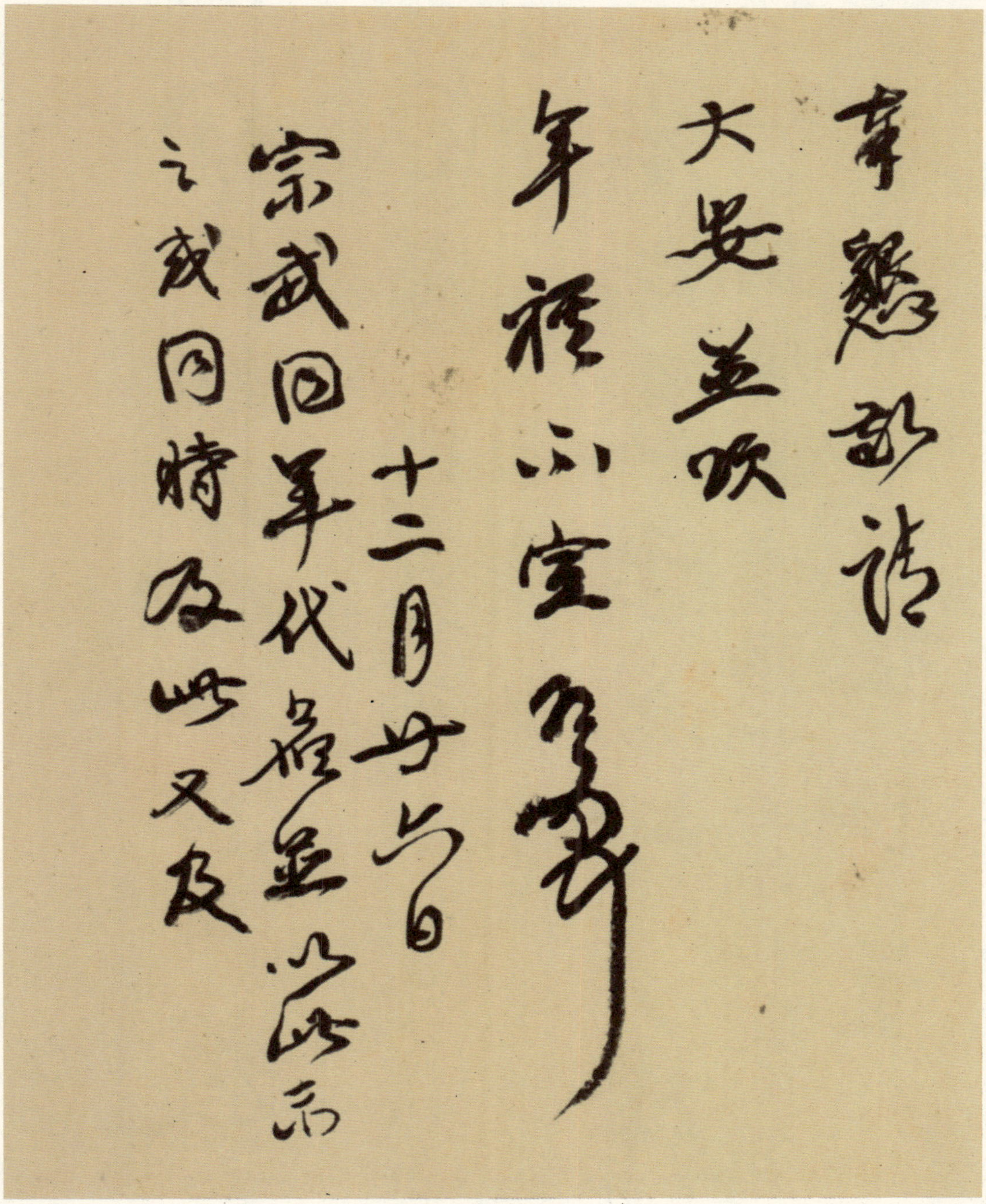

奉懇　敬請

大安！並頌

年祺！不宣。　　有為頓首。　　十二月廿六日。

宗武同年代候，並以此示之，或同時及此。又及。

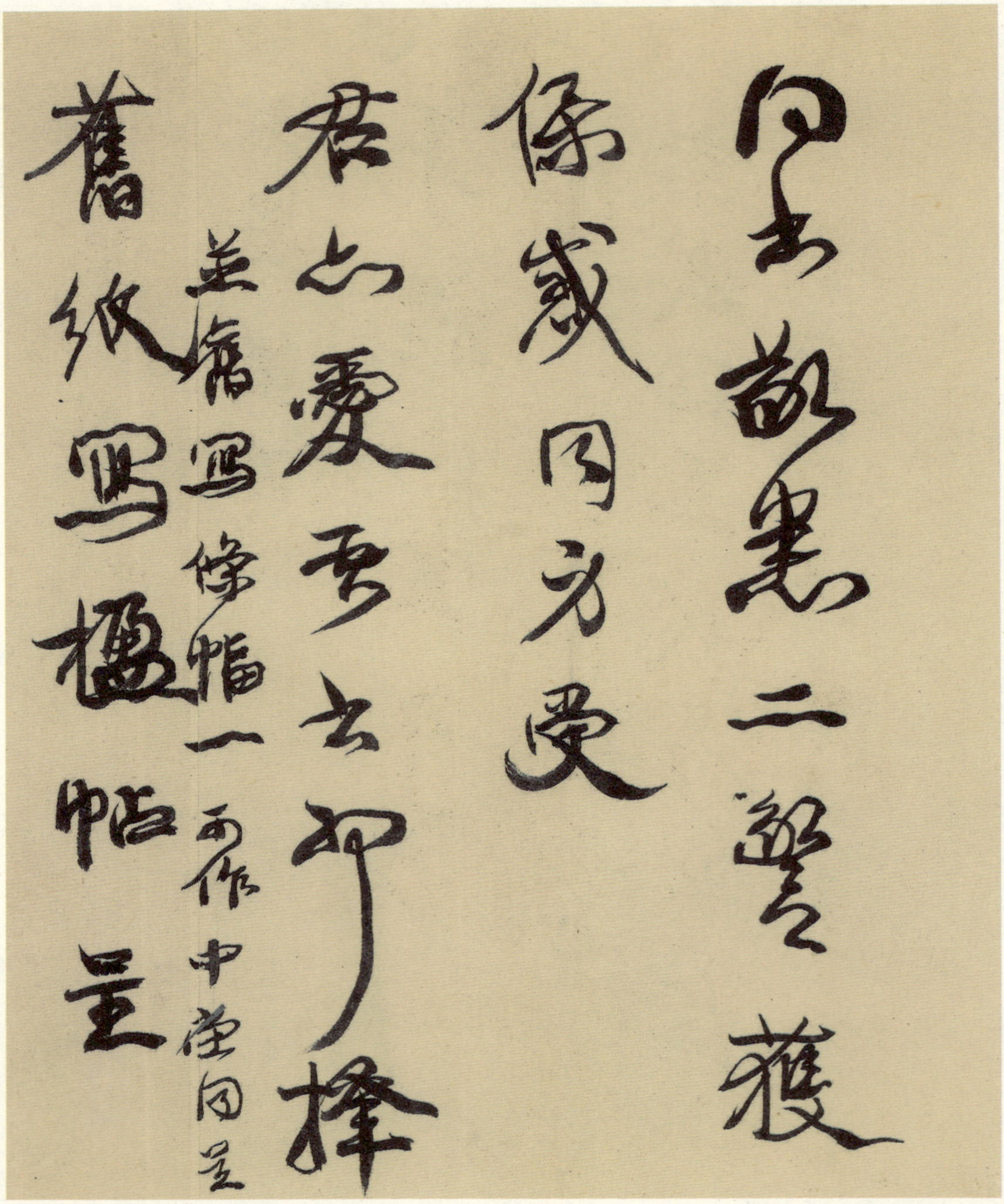

信函之五

得書，敬悉二警獲保，感同身受。君亦愛吾書邪？擇舊紙寫楹帖呈（並舊寫條幅一，可作中堂，同呈。）

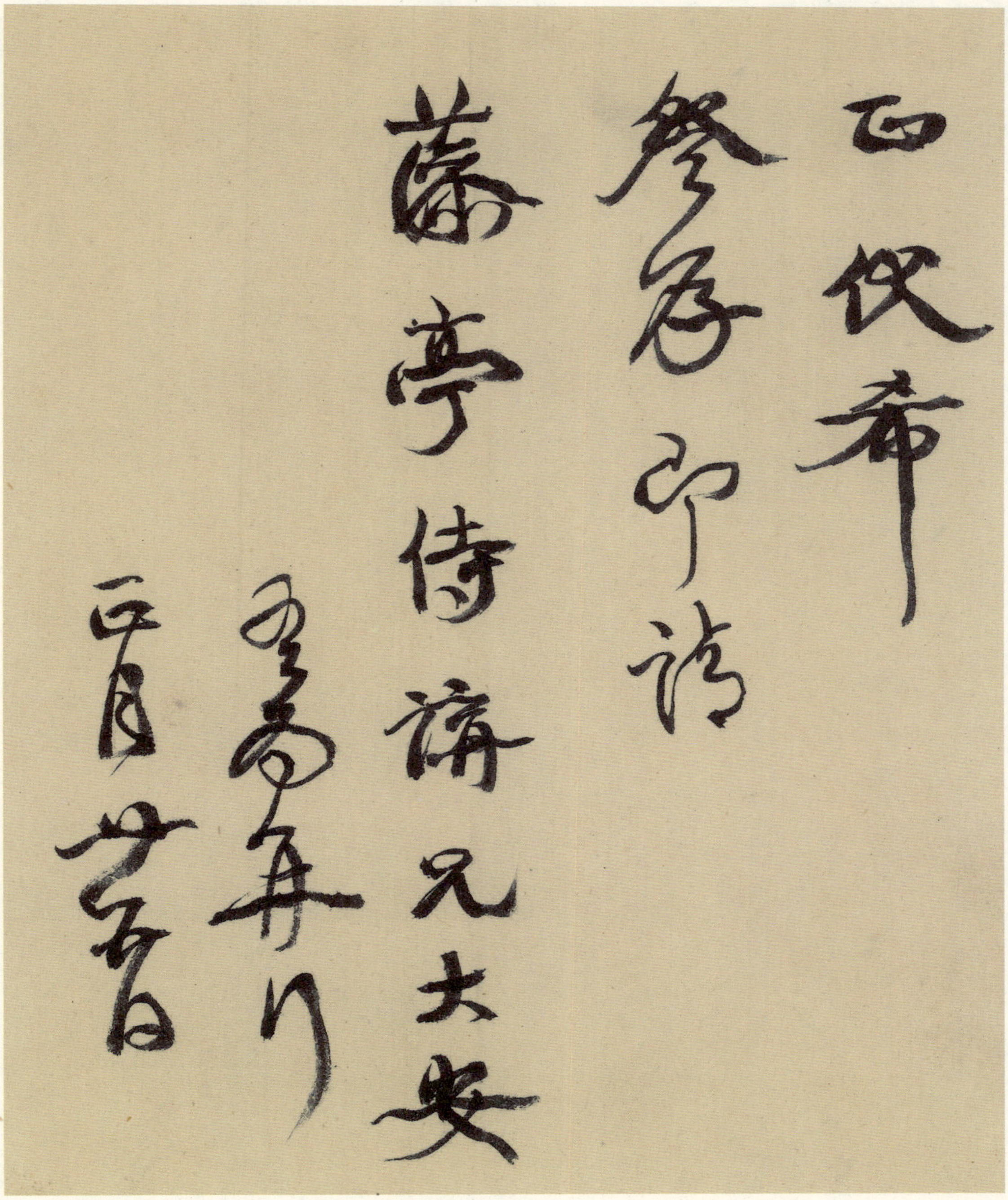

正。伏希
謄存。即請
藻亭侍講兄大安！

有為再拜。　正月廿五日。

後記（之一）

此四封信，乃康有爲先生於一九一九年間致書祖父的①。祖父早年曾被清廷派往日本留學，主修法政。除主修正式課程外，尚能聆聽一些報告，如在校内有日人梅謙博士的赴華考察報告，報告内容是對清廷的政治、經濟、教育等狀況，並較有詳細的分析評論；此外還能參加校外的一些大型社會集合，如一九零六年十二月二日在東京錦輝館聽演説，是日爲《民報》創刊周年紀念會。《民報》是一份鼓吹革命、主張推翻滿清政權的報刊。第一位演説者是孫中山先生，主講内容有：一、種族革命；二、政治革命；三、社會革命。其後再由章太炎、汪兆銘等演講②。這些内容和論點，都詳細記述在祖父的日記中，可見到對祖父的思想影響和震動較大。

兩年後畢業回國，在清廷舉行的考核中，祖父評爲最優、列一等，晉翰林院侍講。在宣統三年（一九一一年）翰林院『玉堂譜』記載，祖父的職務是：翰林院侍講銜撰文，同時任協辦院理、實錄館總校、國史館編修、文淵閣校理。在職時曾多次向清廷上書，提出一些改革建議，力主變法，惜未被重視。

由於祖父與南海先生是廣東同鄉，又同爲進士（康爲光緒二十一年乙未科進士）出身，當時都力主變法，思想較接近，故早有往來。民國後，祖父（一九一七年後）先後任南京國民政府副總統、總統府顧問、諮議，並兼江蘇督軍署内秘書、參議，而康南海此時居上海，滬寧間距離較近，時有往來。今將家姐志男、家兄志馥著文載於信劄之後，以作注腳。

商志譚記於二零零四年
爲祖父探花及第百年之時

①此《後記》寫於二〇〇四年，當时只見四函。二〇〇七年又在父親藏書中發现一函。今合五函编册影印付梓。

附：戊子補記

康有為中進士之名次和用名，有諸多說法：據《康有為自編年譜》自言：為光緒二十一年乙未科二甲第四十八名，一書言乃第四十六名，或言三甲，近人編《明清進士題名碑錄》記錄是科進士題名錄中卻未見康有為之名，又言科舉榜名為康祖詒，後改名有為。眾說紛紜，莫衷一是。

近赴京城，是日風雪交加，氣溫降至零下十度，天氣極為寒冷，入國子監，查閱在室外豎立於今孔廟內的進士題名碑，可惜光緒乙未科之碑，石質極差，加上年來風化，碑皮脫落，二甲之內的題名，已不可詳見，詢問工作人員有否早年保存搨就之拓本，空漠失望而歸。翌晨赴文津街國家圖書館古籍部查閱《會試錄：光緒乙未科》。此書乃當年舉子在京師考試中貢士、進士後，由當時的考官，乙未科殿試讀卷官李文田、會試副主考官啟秀及考官唐景崇分別作序，並於當年刻製出版，乃十分可靠的準確資料。今查知在二甲中，自第四十五名次以後之次序為：廣東三水人謝榮照（四十五名）、次之乃康有為（四十六名），再次有平南人李國材（四十七名）、欒亭人葛敏芝（四十八名）、文水人成連增（四十九名）。與朱編《進士題名碑錄索引》核對，書中錄寫乙未科二甲之名次為：四十五名謝、四十六名李、四十七名葛、四十八名成，在謝與李之間刪去第四十六名康有為，形成現在所見的排列格局。再以錄取總數核對，《索引》言二甲錄取進士九十九名，而《德宗實錄》則記錄二甲為一百名，與此《會試錄：光緒乙未科》所記符合。可以肯定，康有為應是科二甲第四十六名。值得回味的是：進士題名碑刪去二甲總數的一名進士，恰是康氏。

《光緒乙未科會試錄》又記：會試榜名第五名是康祖詒，殿試榜名二甲第四十六名是康有為。又《翁同龢日記》載言：康祖詒（光緒十四年記），後有言康有為（二十四年記）。由此可知，會試考試乃用康祖詒，殿試考試則用康有為之名。

有書言，康有為中進士後，分為工部主事不就，云云，亦不甚確實。查《清實錄》光緒二十四年四月二十六日，有上諭內閣：召見工部主事康有為、刑部主事張元濟。二十八日光緒皇帝於頤和園仁壽殿召見康有為，著在總理各國事務衙門章京上行走。其他錄取之進士，遲至二十九日散館後，始著二甲之其他諸人，或入翰林院，或任各部主事，或以知縣即用。是康有為未散館即分配至工部任主事（見《德宗實錄》卷四一九）。這一點與有些人中進士後，分配到庶吉士館學習，未散館先行安排某部任主事，是符合的，不過為數不多。

（记於二〇〇八年一月廿五日）

康有爲信函考證

商志男　商志馥

一、康有爲的一封親筆信

康有爲給祖父商衍鎏寫過一封親筆信，內容如下：

藻亭侍講兄：惠書謹悉。高集題簽久了。已有書交白雲觀道士帶呈，乃尚未收耶？此觀所四里耳。準十四日申時必能安葬。亦有士大夫遠自滬來會葬者，未知震老有派會葬者否？若有之，派金壇令可矣（秀山督軍、俞紀琦道尹皆有交，不妨告知，若派人則派句容令亦可，或派丹陽令亦可矣）。荒山僻遠客孤，有此風聲後，此墓地可安。否則不敢勞長吏之知也（前者在粵葬時，龍子誠派兵艦七、兵幾千人）。今改葬，一切從減［簡］。（惟先母與幼博之慘，亦不煩全省聞）。手此泐謝。震老先代謝，俟葬後乃專謝函。敬請

有爲頓首

十月十二夕

自金壇發

現將信中所言各人介紹如後：

（一）震老，即齊耀琳（一八六三年—？）字震嚴，號鎮嚴，吉林伊通縣人，光緒廿一年乙未科進士（二甲第十名）。清末官至河南巡撫、鹽務大臣。入民國，先後任吉林民政廳長、江蘇巡按使、江蘇省長兼代督軍。抗戰前任北京古學院經史研究會研究員。

（二）秀山，即李純（一八六七年—一九二零年），字秀山、秀珊，一作靜山。天津人。天津武備學堂畢業，歷任武衛右軍教練官，一九零七年調任第六旗第十一協統。武昌起義後，隨馮國璋南下與革命軍作戰。民國成立後，改鎮爲師，任第六師長；第二次革命起，奉命進江西鎮壓，任江西都軍。一九一七年調任江蘇督軍、長江巡閱使等。後自殺（一說暴死）於督署。遺囑指定捐遺產五十萬元爲南開大學基金[3]。

（三）俞紀琦，字仲韓，浙江紹興人。一九一四年任江蘇省政務廳長，一九一六—一九二一年任金陵道尹。

（四）龍濟光，字子誠，雲南蒙自人。一九一三年起任廣東都督、將軍兼巡按使。

（五）康廣仁，號幼博，康有爲胞弟。戊戌政變時被捕遇害。

此函談了兩件事：一，是對祖父請康氏題簽事有所交待；至於所題何集，爲何要由白雲觀道士轉交皆不清楚；二，是有關康母改葬事的某些安排。

康母勞連枝一九一三年七月病卒於香港。十月康氏由日本奔喪赴港。據康女康文佩編《康南海（有爲）先生年譜續編》（以下簡稱

《續譜》）一九一三年下有：『十一月四日從海明輪運勞太夫人與弟幼博靈櫬歸羊城。港督及粵督均以官兵軍艦護送。十六日葬於南海縣銀塘鄉之復岡。幼博戊戌蒙難，藁葬於北京南下窪，庚子年移柩於香港，浮厝於澳門山寺』。此函提及廣東都督乃龍濟光，曾派艦及士兵護送事。『兵幾千人』之『幾』，應讀平聲，是接近之義。如讀上聲則是有數千之眾，似無此可能。

康母葬於南海家鄉本已安頓妥當，但康氏深信堪輿，對該墓地並不滿意，於是用了數年時間物色風水寶地。最後才在茅山下選中了一塊較理想的墓地。茅山是道教稱爲『第八洞天』的聖地，也是康氏常去遊覽的地方。至於康母遷葬的時間，時下有幾種不同的説法。康氏門人張伯楨著《南海康先生傳》説：『庚申（一九二零年）五月初一日先師遷葬勞太師母及弟廣仁於江蘇句容縣茅山。』而《續譜》己未（一九一九年）有：『十月移葬勞太夫人及幼博遺體於江蘇金壇縣茅山積金峰下之青龍山。』馬洪林《康有爲大傳》則説：一九一九年十一月『移母及弟靈柩』於青龍山。一九二零年六月十六日（五月初一）將靈柩下葬。

三説頗有出入，現據此函加以辨正。

此函明確指出遷葬的時間是十月十四日（公曆十二月五日）而非五月或十一月。且多次稱會葬、改葬而非移柩，如果一九一九年只是厝而不葬，又何須勞師動眾，驚動省縣官員，舉行隆重的儀式呢？由此可見《續譜》的記述是準確的；反過來可以推斷此函的書寫年份是一九一九年。

康母墓地的位置相當偏僻。康有爲不免有所擔憂。一是怕被盜墓；二是出於迷信的考慮，擔心遊魂野鬼騷擾墓主。因此，祈望下葬時大造聲勢（函中所稱的『風聲』），以起儆戒、震懾邪惡的作用，而保墓地、墓主的平安。康氏爲此煞費苦心，他通過省長齊耀林，要求金壇縣（墓地屬該縣管轄）派人參加葬禮。但康氏也意識到，自他一九一七年參加張勳復辟活動失敗後，聲望已顯著下降，倘人家不買賬就成問題；因此，考慮到如再由督軍、道尹出面，再請句容或丹陽縣（茅山跨以上數縣）派人參加，就更有把握些。此函寫於改葬前兩天，估計已與齊省長聯繫過，但尚無確切消息，因此請我祖父（當時他半天在江蘇省署、半天在督軍署辦公）就近向幾位官員再提促一下。總之力求葬禮辦得體面些、風光些。

講究墓地風水的目的，不外冀望獲得『安魂』與『庇後』（保佑子孫後代）的效果。究竟後果如何，不妨考察一下其後人的情況。

康氏夫人梁隨覺、子康壽曼、孫康保延，一九四九年去臺灣，居臺北市。一九六零年梁氏八十二歲患子宮癌住入醫院。康壽曼早有氣喘病，久治不癒，呻吟病榻。康保延不得不辭去工作，在醫院照顧二老。全家三人皆無收入，無力支付醫藥費。一九六零年五月二十八日臺灣《聯合報》載：梁氏乃以貧民身份向市政府申請『貧民施醫』救濟，貧病潦倒，苦不堪言，其後得到一些救濟，但仍難擺脫困境。倘勞氏在天有靈，對其媳、孫將何以庇？如泉下有知，將何以安？

康氏在《大同書》中提出：死則火葬，火葬場應比鄰爲肥料工廠。雖然火葬佛教早已施行，但將骨灰用作肥料，則是十分進步的主張。這一倡議無疑是對堪輿的否定，是對舊殯葬方式的革命性變革，在當時確是難能可貴的。可是康氏後來的行動卻與此相左，言行未能一致。

而稱祖父爲侍講，亦仍用清代舊銜。由此函中所反映的情況，從某一角度去研究康氏的思想變化，還是有參考的價值的。

此函翰墨隨手揮灑，作爲康氏的一件作品也是值得欣賞的。

注：函中夾行文加（ ）嵌入正文。改正筆誤用［ ］。

二、康有爲先生致祖父的一封七絶詩信

家中藏有康南海寫給祖父的一封、抄錄了其七絕詩三首，並跋語的信。內容如下：

一、神仙可托鳳高翔，高閣松風臥鬱岡。自號隱居又貞白，深心不肯仕蕭梁。

二、卻掛衣冠神武中，與羞斗米折腰同。茅山便是桃源境，千古雙陶高逸風。

三、華陽仙洞久迷離，八表同昏我未知。我亦三徵未肯出，松風夢入隱居時。

三來茅山，居陶隱居之松風閣，思隱居掛冠神武，不肯仕梁也。與淵明並垂高風，可稱二陶。後人以其學仙忘其高節，不知學仙乃其寄託也。賦三詩發明之。寄呈

藻亭侍講兄正之

己未十月康有爲（印）

此詩無題。十五卷本的《南海先生詩集》未收。系康氏第三次遊茅山時所作（康有爲三次遊茅山分別在一九一四、一九一六、一九一八年）。信寫於一九一九年。

茅山原名句曲山，在江蘇西部南部，有蓬壺、玉柱、華陽三洞。傳說西漢三茅真君（茅盈兄弟三人）在此得道升仙。其後晉許謐、梁陶弘景、唐吳筠等道士在此修煉。唐宋之後宮觀林立，爲東南道教中心。康氏對茅山的風景古跡十分欣賞，對陶弘景非常敬佩。此詩寫陶的爲人，提出獨到的見解，最後聯繫自己。詩中所發揮的論點很值得我們探討研究。

陶弘景（四五六——五三六年）自號華陽隱居，晚號華陽真逸。從《梁書》、《南史》及《正統道藏》中的有關資料來看，他並非一般隱士，而是道教中的重要人物。陶十歲時得葛洪《神仙傳》，晝夜研讀，便有養生之志。二十八年拜左衛殿中將軍後，連續三年從孫游岳（茅山上清派第六代傳人）受符圖、經法。齊永明十年（四九二年）他三十六歲時，脫朝服，掛神武門，上表辭祿。武帝蕭賾對他很照顧，多有饋贈。陶上茅山後，潛心修道，多次去名山尋仙藥，向名法師求教。曾獲楊羲（上清派第二代傳人）手跡，得道術秘傳，後成爲茅山宗的一代宗師。晚年皈依佛教。陶善辟導引之法，八十多歲時的面容仍和四十歲初修道時差不多，傳說逝後顏色不變，屍體不僵，屈伸如常，室中香氣積日不散。這些把他神化了的種種傳聞廣播，說明他在當時人們心目中是異於常人的高道仙人。

陶博學多才，著作宏富。其中大部份與仙道方術有關。他在醫藥方面也有相當成就。

陶平生最愛聽山風興起時的松濤聲，視之爲『仙樂』，故常踞臥崗澗間，又名其郁崗之居所爲松風閣。閣有三層，康氏入山多居該處。

梁武帝蕭衍早年與陶爲友，取得政權即帝位後，把他當作高參謀士。如定國號爲『梁』，就是陶弘景提出來的，蕭衍采納了。此後書問不斷，於國家大事常向他請教。時人稱陶爲『山中宰相』。

魏晉以來，由於社會動蕩，政治腐敗，在不滿現實的上層知識份子中出現了隱士階層，而且不斷擴大。隱士中多賢才，故影響深遠。以陶潛爲代表的田園隱逸，主要的出發點是：不願與當時統治者同流合污，潔身自好；不當權貴傾軋的犧牲品，明哲保身。退隱後只想過自由自在的日子，別無所求，故不再爲統治者效勞。另一種山林隱逸，則不完全相同。陶弘景屬於這類。雖然這些人也『以爲世之榮貴，乃須臾耳，不如學道，可得長生』（《神仙傳》中劉政語）。但他們對名利有著更高的追求，多入名山。正如葛洪所說：『山林之中非有道也，而爲道者必入山林』（《抱朴子內篇・明本》）。這是出

於環境的選擇。當時道教內部出現了上層神仙道教和下層民間道教的分化。山林隱逸屬於前者，經常得到帝王權貴的關注和支持。因爲他們的利益有一致之處。如陶弘景要煉神丹，在解決了技術難題之後，苦無藥材。武帝乃給黃金、朱砂、曾青、雄黄等原料。據說該丹服之體輕。煉成後獻與武帝服用，覺有效驗，因而對陶更加敬重。

陶在辭官時曾說：『余本徇志，非爲名』。當時社會上敬慕隱士之風甚盛，退隱可獲美名。陶明確說他並不爲此，其志實在仙道，這也是藉口。康氏說他『學仙乃寄託』，真是一語點通。

康氏於一九二三年再上茅山，在題爲《宿茅山之鬱岡隱居松風閣》一詩中寫道：『早掛衣冠神武回，避梁不佇隱居來。山中若尚稱梁相，貞白先生污甚哉。』此詩與前三首的論點一致，並有所發揮。我們知道，陶弘景退隱茅山是在四九二年，而梁朝建於五零二年。怎麼能說他因避梁而來茅山隱居呢？康氏對陶被稱爲『山中宰相』之說不以爲然，認爲果如此則『貞白先生污甚哉。』貞白是陶的謚號（康氏前詩『自號隱居又貞白』句，不妥）。古謚號多概括其生平並予評價。陶弘景是仙道中人，『貞』是『貞人』之『貞』。葛洪說：『不改操於得失，不傾志於可欲者，貞人也』（《抱樸子》），是指專心致志地修道，毫不動搖者。莊子說：『虛室生白』（《大宗師》）。『白』指心境虛靈所獲得的高境界。根據道家的觀點『貞白』就是矢志不移地修道，達到了純淨空明的境界。這對陶來說也還是比較恰當的。並非忠貞、清白之意，康氏對此有所誤解了。

道教篤信天命，把朝代的更迭，看做是天命注定，不可改變的。陶弘景曾據圖讖認爲梁代也是如此，這樣，爲梁代效勞自然是順應天意之舉。他不接受武帝的招請，是出於不肯放棄修道的緣故，並非出於對齊代盡忠、不事二主的考慮。

康氏將陶弘景和陶潛兩種不同思想體系、不同類型的退隱，相提並論，實不相宜。再者，桃花源是與世隔絕的烏托邦，並非陶潛隱居之地，與陶弘景修道的茅山完全不同，聯系在一起，頗覺牽強。

康詩第三首悵時局迷惘，風雲莫測，道路險阻（引自陶潛《停雲》詩：『八表同昏，平路伊阻』句）。表白自己也不出仕，與陶弘景精神相通。其中『我亦三徵未肯出』一句雖然費解，與事實似不相符。因康氏戊戌政變失敗後，流亡國外十五年，一九一三年回國，只拒絕過袁世凱的招請。一九一七年參與張勳復辟活動，接受弼德院（清末的顧問機構）副院長之職，不久復辟失敗。此後更無人請他出來，他退出政治舞臺是大勢所迫，與自動隱退完全不同。

康氏再三強調陶弘景『不仕蕭梁』，實暗喻自己也做『不二之臣』，不失『高節』，借讚陶而標榜自己。

詩爲心聲。康氏這幾首詩中出現種種與實情不合拍、不協調的雜音，正是他晚年心情極度困擾、矛盾，而尋求自我慰藉的一種曲折反映。康氏在晚清詩壇上佔有重要地位，他的詩集中不乏傳世之作，但晚年漸失光輝。以上幾首詩不能說是上乘之作，但從中可了解他的真實思想，自有其價值。

康氏在書法方面，造詣很深，獨樹一幟，這是人所共知的。此函信手寫來，蒼勁雄渾，瀟灑自如，是不可多得的珍品。

祖父早年將此四函裝裱，以示珍藏。

祖父與康氏是同鄉，又先後爲進士，早有交往。祖父從德國歸來，在南京尋得工作，乃常居金陵，並購房業。在其一九一七年三月二十四日的日記中有：『飯後往拜康南海，言及此次加入協約國與德斷絕邦交事』（三月十四日中德斷交）。康氏回國後居上海，常赴寧、杭，與祖父時有往來，祖父在清末任翰林院編修、侍講銜撰文，康氏此函仍沿用舊稱。他寫信一般不用印，此函蓋有『康有爲印』章，可見還是比較鄭重的。

志韡補註：

①康南海致祖父信，今保存者共五封。近期在父親藏品中，又見一函，即（一九一九年）十二月廿六日（今編爲第四函）。第五函寫於一九二零年正月廿五日，祖父實存有康氏信五束。所有信函皆寫於

一九一九至一九二零年。

②今見祖父《藻亭丙午東遊日記》十二月二日（農曆十月十七日）云：在東京『到錦輝館聽演説，是日乃《民報》開週年會。《民報》主張革命。首演説者爲孫逸仙，其宗旨三：一種族革命，二政治革命，三社會革命。到會聽演者約數千人，鼓掌之聲，絡繹不絕。政府諸公深居簡出，不知情況。日言改革，猶事敷衍，存亡機關間不容髮，再不振興，其無幸矣』。

③李純死因有多種説法，如陳玉堂撰《中國近現代人物名號大辭典》，家兄等寫之即據陳説。

祖父《藻亭日記》己未年記言『十月十二日（農曆九月初一）李秀帥於本日早六時在任病逝。秀帥年未五旬，年來因時局用心焦勞，得失眠症。夏秋之交，泄瀉轉痢，醫藥禁進，神氣蕭索。……今忽噩耗傳來，頗爲驚異。秀帥人明亮和平，能持大體，在督軍中之不可多得者，可哀矣』。次日（十三日即初二）又記『李秀帥實是自戕而死』，『到秘書處見其遺筆，詢同人知其死狀』，『月之十一日夜分，侍者見其書寫信函多件，遂登床就寢，至四時四五十分鐘，王夫人夢中微聞有聲砰然，後又聞其喉間痰壅，乃起趨視顔色慘變，急延須籐醫生來診，解衷衣，察聽肺部，見衣有血跡，復於枕底檢出小手槍，始知其以槍自洞右脅，治療不及，旋即出缺。嗣在皮包內檢出遺筆四封，對國家、地方，處分井然，一世英名可不朽矣』。在其致弟桂山一函，乃『處分家事，言家財二百數十萬元，以四分之一捐直隸賑災，四分之一捐南開大學』云云。二十日（初九）記祖父撰秀帥挽聯云：『百六剛逢厄運年何以生爲壯氣銷沈三尺劍，八九不如人意事那堪卒讀哀音臨絕幾封書。』三十日（十九）記：八時隨齊省長『到毘盧寺追悼英威李上將軍』。三十一日（二十）云：『李督軍出殯，靈轝返津。』祖父陪齊諸人送靈車先到四牌樓，出下關，送至江口旋返寧市。是知李純年方四十六歲，於一九一九年十月十二日用手槍自戕而亡。

（補記於二零零七年十二月廿五日）

論朱九江、康南海書法及其傳承

謝光輝

南海康有為先生是近現代中國著名的思想家、改革家、書法家。作為近現代中國書法藝術別具手眼的肇新者，他的書法和書論向來為藝術史和文化史所推重。其所獨創的康體書法，雄渾奇逸，風神恣肆，境界高遠，充滿獨特的精神魅力；所著《廣藝舟雙楫》更是清末碑派書論的集大成之作，對近現代書法創作及其理論產生了積極的影響。然而鮮為人知的是，康有為的書法及其藝術思想其實主要得之于其鄉先賢朱九江（次琦）先生的傳授，受其師的書法和學術思想影響至深。

已故著名書畫鑒藏家商衍鎏（藻亭）、商承祚（錫永）先生父子所藏朱九江、康南海先生尺牘手跡合集刊行。我忝為錫永公之再傳弟子，又从师于先生哲嗣商志譚教授，因不揣譾陋，略述朱、康二先賢書藝及其傳承云云。

一、朱九江先生生平大略

朱次琦（一八〇七—一八八二），字子襄，一字稚圭，廣東南海縣（今廣東省佛山市南海區）九江鄉人。清道光二十七年丁未科進士，曾任山西襄陵知縣，後辭官歸里，講學於其九江鄉禮山草堂二十餘年，人稱『九江先生』。他是晚清著名的教育家、嶺南著名的儒學宗師，清史有傳。

朱九江出生于一個以忠義儒學傳世的家庭。他五歲入塾受書，七歲學詩，十三歲時在鄉間就有神童之譽，並得到時任兩廣總督的大學者阮元的贊許。先生十八歲時入讀廣州羊城書院，在書法上得到書院山長謝蘭生的悉心指導，奠定了扎實的基礎。爾後又先後入讀廣州越華書院和由阮元創辦的學海堂，從師名狀元陳繼昌、名學者錢儀吉等，學識大有長進。但其在科舉的道路上卻頗多坎坷，至道光二十七年先生四十一歲時，才終於在殿試中得中進士。

筆者曾于中山大學圖書館獲睹九江先生當年參加殿試時的試卷影印件（見本書附圖）。該卷是道光二十七年（一八七四）殿試時先生的答卷，然而卻是一份並未完稿的答卷！據簡朝亮《朱九江先生年譜》載：『初，先生之試與貢士焉，遐邇驩聞，蘄之一甲。及廷試方日昳，主者遽趣卷，試者乞緩，或揖之。先生以屈節非士也，非所以為出身地也，卷未完，呈之而出。邑先達在宦者聞之，惜其才闇，追之使完卷。先生不服闇，不顧也。』以朱九江的學問和品行，晉身一甲本來應該沒有問題，最後卻因答卷未完而抑置三甲第一百一十四名。寧失不屈，由此可見先生執著認真的個性。但後人認為，先生以未完卷居然能入選三甲進士，也算是難得一見的清代科舉奇跡。

得中進士後，先生被分發到山西任職。勤政廉潔的朱九江，在山西襄陵知縣任上共任職一百九十天，時間雖短，但頗有政績，為當地百姓辦了不少好事，如捕巨盜、除狼患、抑豪強斥訟棍、均水利平械門等。康有為《朱九江先生佚文序》稱：『先生令山西襄陵百九十日，政化大行，以巡撫某為某親王嬖人，拂衣歸。』離任時，縣民紛紛籲請留任，沿途跪送，走後還為先生樹碑頌揚，並為之建造生祠奉祀，著書《愛棠錄》八卷，盛讚先生政績，譽之為山西賢令，又稱之為後『朱子』。

辭官以後，他回到南方，在自己家鄉南海九江鄉的禮山下立書院講學，人稱『禮山草堂』。在此後的二十多年當中，他一直在家鄉從事教育活動，再也沒有離開過九江。『九江先生』的稱號也由此而起。他一生博學，治學嚴謹，主張讀書務大義，勵志聖賢，由體達學。他對學生非常嚴格，常對其學生說：『處子耿介，守身如玉，谷暗蘭薰，芳菲自遠，』（《朱九江先生年譜》）聞者都非常感佩。在他的精心栽培下，造就了一批卓有建樹的人才。弟子中著名的有：維新運動領袖康有為，翰林院編修、舉子試主考官陳如岳，清末民初大教育家簡朝亮，同治欽點狀元梁耀樞等。朱九江也因此成為嶺南著名儒學宗師，受到人們的普遍尊崇。廣東學海堂曾聘他為學長，他沒有答應。但學海堂還是將學長之位以他的名義設置了二十幾年，直到他去世為止，並為其刊行詩文。由此可見，朱九江先生在學界的德高望重。

光緒七年（一八八一）夏六月，兩廣總督張樹聲、廣東巡撫裕寬以先生及陳蘭甫先生耆年碩德，奏請加京卿銜，稱其『講明正學，身體力行；比閭族黨，熏德善良。』（《朱九江先生年譜》）秋七月，皇帝詔賜朱九江正五品奉政大夫卿銜，以示嘉獎。同年冬十二月十九日，一代名儒朱九江先生去世，終年七十五歲。先生去世後，兩廣總督及廣東巡撫親率大小官員致祭，行省兩院以下都舉行祭奠儀式，同時清朝的國史館也專門為他立傳，可謂哀榮之至。

朱次琦是清代著名學者，對經學、史學、文學以及金石書畫等都頗有研究，一生勤於著述，臨終前數月更是閉門著書。康有為稱其師『沉浸經史掌故詞章之學。凡吾粵長老，若曾勉士之經、侯君謨之史、謝蘭生之詞章，皆翕受而自得之。旁及金石書畫，罔不窮精極微。』（《朱九江先生佚文序》）重要著作有：《國朝名臣言行錄》、《國朝逸民錄》、《性學源流》、《宋遼金元明五史征實錄》、《晉乘》等，另外還有未定書名的兩部，其一寫清朝儒宗，其二記述蒙古事略。可惜在臨終之際，他竟將自己完成和未完成的詩稿書稿統統付之丙丁，燒得乾乾淨淨。現在流傳下來的是他的學生簡朝亮為老師編撰的《朱九江先生年譜》，另輯有《朱九江先生集》十卷，並著《朱九江先生講學記》。

朱九江先生的焚稿之舉，為後世留下了一個不解之謎。有人認為，朱九江之學以立德踐行為歸，行的是不言之教，不欲以文學虛名炫世。『意者先生疾世之嘩囂，多以文學炫寵，而以身為法耶？夫言之不足化人久矣，文人之無實多矣。天下無我是書，而教化遂以陵夷，人心遂以熄絕，則其書必當存也。天下無我是書，而教化無大損，人心未至滅，則先聖先哲之遺書具在，循而行之，大道可宏，生民可救，則何必以著作炫世乎？……後之人受不言之教，以躬行為歸，何必遺書？何必遺書？否則著書等身，而中心藪慝，其書愈多，其名愈盛，其壞風俗、敗國家愈甚。是毒吾民也，奚取焉？』（康有為《朱九江先生佚文序》）或以為先生有感于當局之昏暗、時世之衰敗，『晚年以為此等著述，無益於後來之中國，故當易簀之際，悉焚其稿。』（梁啟超《康有為傳》）有人說，先生對自己的著作自視甚高，卻因卷帙浩繁，病中來不及完稿和修訂，故於臨終前乾脆將之焚毀。『先生于十月疾作，知所著書難卒事，閉戶自焚其稿，竟日乃盡。』（商承祚跋《九江先生朱次琦信函》）新近的研究認為，朱九江的學說直接影響了康有為的維新思想，晚近有資料顯示，他的學說還對金田起義的太平天國領袖洪秀全和民主革命先行者孫中山先生的思想產生過積極的影響。因此，朱九江的學說中包含有一些在當時看來較為激進的思想，詩文中估計也會有一些針砭時弊、幹冒時政的內容。為避免文字獄的牽連和迫害，只好將平生著述全部燒盡，以免留後患。（嶺南著名鑒藏家王貴忱先生及商志𩡝師皆主此說）還有人認為，是朱九江先生于彌留之際，在自己神志不清的情況下才將畢生心血付之一炬的。然而凡此諸說，均缺乏完備的證據，何者為是，目前尚無法定論。

二、朱九江先生的書學與書藝

作為近代廣東大儒，朱九江先生不僅以其思想對中國近代學術以及政治產生深遠的影響，詩文書法亦自成一家。

朱九江學書，主要得自其鄉先賢謝蘭生先生的傳授。康有為在談到乃師的書學時說：『先生當世大儒，余事尤工筆劄。其執筆主平腕豎鋒，虛拳實指，蓋得之謝蘭生先生，為黎山人二樵之傳也。』（《廣藝舟雙楫》）朱九江幼年隨族叔朱懿修秀才開筆啟蒙，年十八歲入羊城書院學習，得山長謝蘭生先生的親炙。謝蘭生（一七六〇—一八三一），字佩士，號澧浦，又號里甫，別號理道人，廣東南海人，清乾隆、嘉慶年間著名的教育家、畫家、書法家。他對年輕好學的朱九江甚為器重，曾誇讚他這位得意門人說：『書雖小道，非俊悟者不能通其意。吾友教歲數百人，饒此學者，生而已。』（簡朝亮《朱九江先生年譜》）並親自向他傳授筆法：『實指虛掌，平腕豎鋒，小心佈置，大膽落筆，意在筆先，神周字後，此外丹也。手軟筆頭重，此內丹也。』又說：『晉辨神姿，唐講間架，宋元以來尚逋峭之趣矣。然神物無跡，易於羊質虎皮。以趣勝者，即有所成，只證聲聞辟支果耳；不成，終身遂流魔道，不可振拔。初學執筆，折中袪弊，其諸顏平原、歐陽渤海間乎？』（同上）今見謝蘭生《書訣》抄本，即由朱氏門人陳如岳根據乃師口授，記錄並保存下來的。又已故暨南大學歷史系教授朱傑勤先生于三十年代發表由其叔祖祛盧先生（朱氏弟子）抄錄的朱九江《論書口說》，其論執筆、運腕、結字、用墨之要，均與謝蘭生《書訣》略同，足見其傳承關係。（詳參林亞傑《朱九江的書學及其傳承》，載《嶺南書學研究論文集》，廣東人民出版社二〇〇四年一月版）

朱九江的書法，出入顏真卿、歐陽詢，晚年專精顏體，堅勁雄深，力能扛鼎。像當時許多參加科舉考試的人那樣，朱九江早年也能寫出一手嚴謹而又有個性的『館閣體』。看其四十一歲參加殿試的答卷手跡，用筆豐肥雄厚，但筆劃方勁，界畫森嚴，一筆不苟，結體也在方正中趨於緊嚴，儼然是一派顏底歐面的風貌，與當時人的多作歐底顏面，可謂是同工而異曲。中年以前的書法，與乃師謝蘭生先生書風相近。近于中山大學圖書館商承祚先生捐贈古籍善本——清雍正八年翁復（克夫）編著《四書合講》一書中，發現朱九江名章『次琦』小印及其數萬言的眉批夾註。經王貴忱先生和志𩡝师鑒定，確認為九江先生真跡。所作行書皆為蠅頭小字，可謂精妙絕倫。先生晚歲專攻顏魯公的《爭座位帖》，書法豐腴圓暢，老辣遒健；尤其榜書大字，更顯出雍容雄健，大氣不凡。康有為《廣藝舟雙楫》云：『自元明來，精榜書者殊鮮，以碑學不興也。吾所見寡陋，唯朱九江先生所書朱氏祖祠額，雄深絕倫，不復知有平原矣。』又稱：『先師朱九江先生，于書道用工至深。其書導源于平原，蹀躞于歐、虞，而別出新意。相斯所謂鷹隼攫搏，握拳透爪，超越陷阱，有虎變而百獸跧氣象。魯公之後，無其倫比，非獨劉（劉墉）、姚（姚鼐）也。元常曰：多力豐筋者聖。識者見之，當知非阿好焉。但九江先生不為人書，世罕知之。吾觀海內能書者，惟翁尚書叔平（翁同龢）似之，惟筆力氣魄，去之遠矣。』劉墉、翁同龢在清代寫顏體的書家中，皆可算是大師級的人物，為康氏所推重者。但劉墉的書法，渾厚有餘而剛健不足；翁同龢則渾厚剛健兼備，卻稍乏靈動。而朱九江的書法，注重強勁的腕力和雄健的骨力，所作多力豐筋，雄渾蒼健，兼具劉、翁二家之美而無其病，確有遠勝儕輩之處。

先生為一代儒學宗師，生平不慕榮名，也不輕易為人作書，故所傳書跡不多。除屈指可數的十數件楹聯書作外，其餘傳世可見的多為書稿筆記、詩文評跋及便條簡劄等，故人得其尺幅者，如獲至寶，雖至開列市物清單，亦有裝潢而什襲之者。

本冊收入朱九江先生家書十六通，為先生寫給其侄孫的手劄。這批手劄原為曾立磯先生所藏，劄後有康有為、曹受坤、葉夏聲、陳泰來、朱子范、鄺兆鴻、宗靜存等多人的題跋。康有為跋稱：『先師朱九江先生以循吏盛德，為清朝儒宗，不獨學行高一世，但論書法，沉雄蒼健，怒猊抉石，亦為清朝第一。此二三紙乃率意拾簡者，然精神意態，是何雄傑？出其餘技，猶獨步古今。自奔亡異域，不見先師墨蹟者垂廿年。恭覽歡忭，如昔者捧手時也。』又宗靜存跋云：『朱九江先生法書傳世絕鮮。蓋平生志事，大則紹承道統，出則致君澤民，固不在尋常楮墨間也。若以書言，則康長素之推，殆非阿私之論。曩聞新會先賢陳白沙之代人記帳及清季常熟翁松禪之尋失犬賞帖，見者均爭藏之。真跡可貴，有如是夫？』此冊後歸商承祚先生收藏，遞傳至今。商先生記曰：『余近得先生致侄孫雲階手劄十六通，所述皆家庭瑣事。蓋鄉居後，事無巨細，悉委雲階。各劄雖無年月可稽，為鄉居二十三年間之書，則可斷言。隨意揮灑，多力豐筋，晚年專攻《坐位》，故益覺雍容樸茂。』所作長跋，於朱九江先生生平及劄中所及之事，考訂甚詳。此後尚有盧子樞先生一跋，云：『錫永五兄博雅嗜古，尤喜搜求鄉邦文獻。曩歲得陳東塾先生手書二何墓碣銘墨蹟，近復得九江先生與侄孫雲階手劄十六通，攜以見示，囑為題之。審觀各劄，老筆紛披，筋力彌勁，深得顏魯公《爭坐位稿》神髓，真跡無疑。蓋先生早歲即工書，傳謝里甫先生筆法。所藏宋拓《爭坐位帖》，舊為余所得，因以知其寢饋功深。況此十六劄為晚年入化之境，洵可寶也。余素所睹先生墨蹟，以其門人梁緝煆所藏裁答其友李孟畦續修邑志冊為最佳，次則黃晦聞先生所集一冊亦精。至於修朱氏家譜手稿及閱諸生課卷之類，雖人爭寶其片紙，較之此冊，不啻碎玉之與完璧矣。』以上題跋，無一例外均對此冊書法讚譽極高。

三、康南海先生的書論與書藝

康有為（一八五八—一九二七），原名祖詒，字廣廈，號長素，後易號更生，別署西樵山人、天遊化人等，清光緒年間進士，官授工部主事、總理各國事務衙門章京，廣東南海人，世稱『南海先生』；是我國近代史上著名的思想家、政治家、教育家和文學藝術家，資產階級改良主義的代表人物，清末『戊戌變法』的主要發起者。康氏乃廣東望族，世代為儒，以理學傳家。康有為青年時代博覽群書，重視經世致用之學，後在龔自珍、魏源『今文派』經學和西方資產階級『新學』影響下，在廣州創辦『萬木草堂』著書講學，成為十九世紀後期中國政治學術界具有代表性的思想家和社會活動家。他先後七次上書，請求變法圖強，其中以中日甲午戰爭失敗後的『公車上書』最為有名。又與梁啟超等人一起創辦《萬國公報》，建立強學會，發行《強學報》，為維新變法製造輿論。一八九八年與梁啟超等人發動戊戌變法運動。變法失敗後，逃亡國外。主要著作有《康子篇》、《新學偽經考》（陳千秋、梁啟超協助編纂）、《春秋董氏學》、《孔子改制考》、《日本變政考》、《大同書》、《歐洲十一國遊記》、《南海先生詩集》、《廣藝舟雙楫》等。

康有為十一歲時，在其祖父康贊修的督導下開始學習書法。他的書法，是先從帖學入手，臨摹王羲之的《樂毅論》及歐陽詢、趙孟頫的書法。他在《廣藝舟雙楫》中回憶童年學書經過時說：『吾十一齡，侍先祖教授公（諱贊修，字述之）于連州官舍，含飴弄棗，暇輒弄筆。先祖始教以臨《樂毅論》及歐、趙書，課之頗嚴，然性懶鈍，家無佳拓，久之不能工也。』及長，從師其鄉先賢、廣東名儒朱九江，得其執筆之法。又得九江先生所藏北宋拓歐陽詢書《九成宮醴泉銘》，便悉心臨摹，並由此轉習歐陽通的《道因法師碑》及歐陽詢《圭峰碑》、《虞恭公碑》、柳公權《玄秘塔碑》、顏真卿的《顏家廟碑》等。又於楷書外，『間及行草，取孫過庭《書譜》及《閣帖》撫之。』（《廣藝舟雙楫》）此後流觀諸帖，遍臨張芝、索靖、皇象章草及宋人蘇軾、米芾書，而以鐘繇小楷《宣示帖》、《戎輅表》、《薦季直表》糾之，打下了良好的帖學根基。此外，他還廣泛涉獵篆隸，由帖學轉而接觸歷代碑版，從而棄帖學而倡碑學。

光緒十四年（一八八八）冬，康有為在北京第一次上書未獲成功，並受到讒議攻擊，又因為天津港冰凍無法由海道回廣東，滯留在京師南海會館，情緒低落。此時，在沈曾植等朋友的勸慰下，轉而研究碑學，開始寫作他的書學名著《廣藝舟雙楫》。據康有為《汗漫舫詩集》詩題稱：『上書不達，謠讒高漲，沈乙庵、黃仲弢皆勸勿談國事，乃掃卻汗漫舫，以金石碑版自娛，著《廣藝舟雙揖》成，浩然有歸志。』又《康有為自編年譜》載：『沈子培勸勿言國事，宜以金石陶遣。時徙居館之汗漫舫，老樹蔽天，日以讀碑為事，盡觀京師藏家之金石凡數千種，自光緒十三年以前者，略盡睹矣。擬著一金石書，以人多為之者，乃續包慎伯為《廣藝舟雙楫》焉。』第二年康有為回到廣東家鄉，遂將在京中所寫舊稿加以整理，才將《廣藝舟雙楫》正式定稿。

譜中提到的包慎伯，名世臣，安徽涇縣人。他撰有《藝舟雙楫》一書，上半部論文，下半部論書。而康有為所『廣』的，只是其論書的部份。《廣藝舟雙楫》全書共六卷二十六章，並敘目一篇。其內容大致來說，卷一、卷二是講書體源流的，卷三、卷四是評論碑品的，卷五、卷六是講用筆技巧、書學經驗和各種書體的書寫要求的。全書的涉及面很廣，對書法藝術的各個方面幾乎都有論述或評價。該書體例嚴整，論述廣泛，是當時最全面最系統的一部書學著作，也是碑學理論的集大成之作，為世人所矚目。

《廣藝舟雙楫》在中國書法史上有著重要的意義：其一，它全面總結了清代書法的歷史，用碑學和帖學的概念來劃分其發展階段。康有為在《廣藝舟雙楫》中指出了清代書法的四變：康雍時專仿董其昌，乾隆時轉學趙子昂，嘉慶、道光間則盛行歐體。康有為稱這三個時期為清代書法的『古學期』，以晉帖、唐碑為師，所得以帖為多，劉石庵，姚姬傳為代表作家。第四個時期為咸豐、同治時期，轉師北碑，為『今學期』，所得以碑為主，以北碑、秦漢篆隸為師，鄧石如、張廉卿為代表作家。其二，它比較全面地總結了碑學的理論和實踐。清代碑學以理論為先導。阮元著《南北書派論》和《北碑南帖論》，首先提出了碑學的見解，為清代書法發展指出了一條新路，但他的書法卻是帖派。包世臣著《藝舟雙楫》，為碑學的興起推波助瀾，對碑學的形成起了巨大的影響，然而他自己在實踐方面的成就卻沒有太大的說服力。《廣藝舟雙楫》是碑學發展史上第三篇重要的著作，在理論上比前二者更為全面和系統，加上康有為本人在書法實踐上的巨大成功，使之具有了更強的說服力和更大的影響力。從它問世起，碑學才真正成了有實踐、有系統理論的一個流派，在書史上牢牢地佔據了它應有的地位。其三，它明確提出了『變』的思想，即強調以『變』來求得事物的進步。《廣藝舟雙楫》在思想性上，的確表現了康有為拋棄陳習、另辟新徑的一種進取精神。本書在第一章就明確指出：『變者，天也。』『書法與治法，勢變略同。周以前為一體勢，漢為一體勢，魏晉至今為一體勢，皆千數百年一變；後之必有變也，可以前事驗之也。』這種思想，不能不說是一種進步。它力斥書壇帖學委靡之風，倡言學習六朝碑刻，給書壇帶來了一股清新的風。也正因如此，《廣藝舟雙楫》才能屢禁而不止，廣為流傳，成為近代傳播最廣、也是最有影響力的一部書學理論著作。

康有為的書法以戊戌變法為界，大致可以粗分為前後兩個時期：前者為帖學期，後者為碑學期。康有為早年對帖學博涉窮習，是一個忠實的帖學崇尚者。當他學帖遇到困惑時，前輩翰林院編修張延慶勸他棄帖從碑，他反而『引白石氈裘之說難之』，可見他沉溺於帖學之深。康有為早年的書作傳世極少。北京大學藏康有為於光緒二十一年（一八九五）應殿試所寫的小楷答卷（見《中國書法》一九八八年第期），是其為數不多的早期作品之一。由於是科舉試卷，寫的自然是館閣體。通篇小楷，配製勻停，調和妥協，修短合度，輕重中衡，可謂是法度森嚴。又如他在光緒二十四年所著《日本變政考》手稿，因為是進呈皇帝御覽，也寫的是一手工整的晉唐小楷。這些作品雖然沒有太多個性可言，但足可以顯示出康有為深厚的書法功力。

從壬午入京研究碑版到《廣藝舟雙楫》著成，康有為在理論認識上實現了從帖學到碑學的轉變。此後他用碑學理論來指導自己的書法實踐，逐漸由一個帖派崇尚者轉變為碑派的鼓吹者和探索者。康有為中晚年的作品，逐漸擺脫了帖學的影響，轉而深入碑學，並逐漸形成了自己的書風特色，最終創立出一種風格獨特的書體——康體。他此時的書法，主要汲取北碑的意趣，此外也借鑒同時代碑派書家的經驗。馬宗霍《書林藻鑒》引向燊云：『更生書法，有縱橫奇宕之氣。論者謂其由陳希夷（陳摶）以入《石門銘》，其或然歟？』又《霎岳樓筆談》：『南海書結想在六朝中脫化成一面目。大抵主于《石門銘》，而以《經石峪》、《六十人造像》及雲峰山石刻諸種參之。』沙孟海先生的總結則更為全面，所著《近三百年的書學》稱：『他（指康有為）雖然遍寫各碑，但也有偏重的處所。……他對於《石門銘》得力最深，其次是《經石峪》、《六十人造像》及雲峰山各種。他善作擘窠大字，固然由於他的意量寬博，但其姿態，則純從王遠得來（也有幾成顏字），眾目可看也。鄧石如、張裕釗是他所最傾倒的，作書時常常參入他們的筆意。但還有一家是他寫大字寫小字以及點畫使轉種種方法之所出，而他自己不曾明白說過的，就是伊秉綬。試看他們兩人的隨便寫作，畫必平長，轉折多圓，何等近似；瀟灑自然，不夾入幾許人間煙火氣。這種神情，又何其仿佛？』

康有為作書，以圓筆為主，用筆直入平出，波折澀進，點畫沉厚樸拙，轉折遒勁渾圓，在書寫過程中追求血肉豐滿、酣暢淋漓的境界。在字形體勢上，中宮緊結嚴密，四周疏宕開張，有一種縱肆奇宕而又舒展洞達的氣勢。所作筆劃平長，轉折多圓，運鋒自然，結體舒張，大氣磅礴，蒼老生辣而又渾穆峻拔。純以圓筆來作碑體，可謂是康氏的一大創舉。以此為基礎，使得康體書法兼具有帖的筆意、碑的體勢以及金石、篆隸之氣，諸法並臻，直達圓融之境。康有為在其所書的一幅聯語的跋款中寫道：『自宋後千年皆帖學，至近百年始講北碑，然張廉卿集北碑之大成，鄧完白寫南碑漢隸而無帖，包慎伯全南帖而無碑。千年以來，未有集北碑南帖之成者，況兼漢分、秦篆、周籀而陶冶之哉？鄙人不敏，謬欲兼之。』（《香港中文大學文物館藏廣東書畫錄》）鑄古融今，超凡入聖，這就是康有為高自標置的理想範式！康有為以其開闊的眼界視野、深厚的功力學養、非凡的悟性才情，局部地實現了他的這種理想。他創造的碑行書，熔碑帖於一爐，兼具篆隸金石之氣，從書法創作內涵的豐富性而言，在書史上應該說是不多見的。但康氏書法也有不足之處，有時筆力較弱，缺乏含蓄和變化，甚或有隨意粗率之病。對此，時人多有疵議。如符鑄云：『南海於書學甚深，所著《廣藝舟雙楫》頗多精論。其書蓋純從樸拙取境者，故能洗滌凡庸，獨標風格；然肆而不蓄，矜而益張，不如其言之善也。』（《書林藻鑒》）而康氏本人也心有所憾：『惜吾眼有神，吾腕有鬼，不足以副之。若以暇日深至之，或可語於此道乎？！』（《廣藝舟雙楫・述學》）

本冊收入康南海致商衍鎏先生的五通書信。

商衍鎏（一八七三—一九六三）字藻亭，號又章、冕臣，晚號康樂老人，廣東番禺人，清代最末一科（光緒三十年甲辰）探花，欽授翰林院編修。後受委派留學東洋，畢業于日本政法大學。民國初年，被聘為德國漢堡大學漢文教授，一九四一年中德宣戰後回國，曾任財政部秘書。由於康南海與藻亭先生同鄉，又同為進士出身，當時都力主變法，思想較為接近，故早有交往。民國後，藻亭公任職南京國民政府及江蘇督軍署，而南海先生此時居上海，亦時有往來。此五信中，談及康母改葬茅山等事並其所作茅山詩四首，撰書時間為一九一九年末至一九二〇年初，康有為時年六十一歲，為其老年之作。所作隨勢運鋒，用筆圓厚，起轉委婉流動，筆劃橫平捺翹，蒼勁柔暢，結構內密外疏，變幻生姿，收放自如，墨色枯潤相宜，章法疏密相間，表現出一種隨意揮灑、自由奔放的氣調。雖然是尺幅短箋，但其書卻有一種縱橫飄蕩的氣勢，仿佛池中游龍，直欲化雲飛去。這在以精雅小巧為主要格調的尺牘手劄中，應該也算是一種另類和別調吧。

四、朱九江、康南海書法傳承

康有為的書論和書法在繼承與發揚傳統書學的基礎上，別開新面，具有獨特的創新意義和卓越的文化價值。所著《廣藝舟雙楫》不僅集碑學理論之大成，更以其革新求變的思想標領時代風潮。他的康體書法，陶冶碑帖，熔鑄古今，打破了傳統書法的種種局限，開啟一代新風，對後世書法形成巨大影響。康有為書法的師承和淵源所自，於是深受人們的關注。康有為的書法，早年博涉帖學，晚乃專攻碑版，于《石門銘》、《經石峪》、《六十人造像》及雲峰山刻石等得力最多。這已成為人們的共識。有人指出，康有為的碑體書法，還受清代碑派書家鄧石如、伊秉綬、張裕釗等人的影響，並參合了唐人顏真卿、宋人黃庭堅的筆意。甚至還有人認為，康氏書風的最終形成，是得之于唐刻《千秋亭記》和宋代道宗陳摶老祖的書法。以上諸說雖然都有一定的道理，但多是從表面現象立論。若深究根源，則南海先生的書法與其師九江先生淵源最深，無論是藝術思想的形成、藝術道路的探索，還是筆法、書風特點的建立，都主要得之于朱九江的傳授和指引，受其師的影響至深。

首先，康有為的學術思想和藝術觀念主要來自于朱九江的學說。朱九江是名著嶺表的儒學宗師，也是康有為唯一終生敬仰的恩師。康有為對自己的老師極為尊崇，稱『其行如碧霄青雲，懸崖峭壁，其德如粹玉馨蘭、琴瑟彝鼎，其學如海，其文如山。高遠深博，雄健正直。蓋國朝二百年來，大賢臣儒未之有比也。』（《朱九江先生佚文序》）光緒二年（一八七六），康有為在廣州參加鄉試落榜，其祖康贊修把他送到南海九江禮山草堂，拜朱九江為師。康有為在禮山草堂一住三年，在朱九江先生的指導下，系統地學習中國的歷史、哲學、文學，並廣泛涉獵天文、地理、算術、樂律等，眼界大開。朱九江的學術思想以宋代的程朱理學為根本，尤其推崇朱熹，但在時代的刺激下，他在學術的某些方面又與明清之際的顧炎武、黃宗曦相似，特別注重氣節，主張濟人經世，不為無用之空談。這些思想對年輕的康有為影響至深。『于時捧手受教，乃如旅人之得宿，盲者之睹明，乃洗心絕欲，一意歸依，以聖賢為必可期，以天下為必可為。從此謝絕科舉之文，土芥富貴之事，超然立於群倫之表，與古賢豪君子為群。信乎大賢之能起人也。藉非生近其時，居近其地，烏能早親炙之哉？』（《康南海自編年譜》）正是朱九江的學說，開啟了康有為的思維智慧，並為其維新變法的思想奠定了理論的基礎。而康有為在書畫等藝術方面的觀念和理想，與其政治思想是一脈相承的。所著書學理論著作《廣藝舟雙楫》，即是在其政治理想遭受打擊挫折時的寄託之作。『吾既不為時用，其他非所宜言。飽食終日，無所用心，因搜書論，略為引伸。』此康氏書中所言，足可窺其心跡。《廣藝舟雙楫》雖然是一部書學著作，裏邊卻處處貫穿著康有為抑古宗今、變法求新的思想。該書第一章就明確提出『變者，天也』的思想，指出書學與政治同法，皆以通變為常。又《體變第四》云：『書有古學，有今學。古學者，晉帖、唐碑也，所得以帖為多，凡劉石庵、姚姬傳等是也。今學者，北碑、漢篆也，所得以碑為主，凡鄧石如、張廉卿等是也。人未有不為風氣所限者，制度、文章、學術，皆有時焉以為之大界，美惡巧拙，只可於本界較之。學者通于古今之變，以是二體觀古論時，其政不混焉。』可見康有為的書學觀念，處處體現出他的學術觀念和政治理想。而這些學術思想多根源于九江先生的學說，因此我們說康有為的書學思想也主要是源自于朱九江。

其次，康有為研究碑學受到朱九江先生的指引。康有為早年研習帖學，得到朱九江先生的指導。先生的書法，主要得自于顏魯公，晚年專攻《爭坐位帖》，作字講究筆力和結構，注重書法強勁的腕力和雄健的骨力。其書多力豐筋，追求一種渾厚樸拙的境界和泱泱雄強的大氣勢和大效果。故他雖不習碑，而書法卻有碑的意趣和境界。先生于篆隸書獨推碑派書家鄧石如，即可窺見其審美的趣向。康有為于從學之餘，耳濡目染，對其日後的書風及其尊碑、倡碑的理論均產生了直接的影響。他由帖學轉而接觸碑版，也是直接得自于九江先生的指引。其自述云：『少讀《說文》，嘗作篆隸，苦《嶧山》及陽冰之無味，問九江先生，稱近人鄧完白作篆第一。因搜求之粵城，苦難得。壬午入京師，乃大購焉。因並得漢、魏、六朝、唐、宋碑版數百本，從容玩索，下筆頗遠於俗。於是翻然知帖學之非矣。』（《廣藝舟雙楫・述學》）由此可知，康有為的由帖入碑，九江先生是與有其功的；也可以說，九江先生實為康南海碑學的啟蒙者和引路人。

最後，也是至為關鍵的一點是，康有為以中鋒圓筆為主的筆法得自于朱九江先生的傳授。九江先生的筆法，得之于其師謝蘭生，而謝蘭生則受之於二樵山人黎簡。『其執筆主平腕豎鋒，虛拳實指，蓋得之謝蘭生，為黎山人二樵之傳也。』（《廣藝舟雙楫・述學》）康有為早年從朱九江習書，得其筆法真傳，故其自述云：『吾執筆用九江先生法，為黎、謝之正傳。』（同上）而朱九江晚年的書法，主要得之于顏真卿的《爭坐位》，雄渾圓暢，筆法以中鋒圓轉為主。康有為把這種筆法，運用到他的碑體書法中，創出其獨特的康體書風。純以圓筆來寫碑，可以說是康有為的一大創舉。在一般人的眼中，方筆才是碑體書法的最主要特徵，故一般的碑派書家多力圖採用筆墨來表現方筆這種碑版刀刻的意味。但筆寫和刀刻之間，存在較大的差異，以筆擬刀，本身就是一個巨大的難題，刻意仿效，難免出現描頭畫尾的弊病。這也是碑派書法最易為人詬病之處。康有為以圓筆來寫碑，實際上避開了刀、筆之間的這個巨大矛盾。他所選擇的《石門銘》、《經石峪》及雲峰諸刻等都主要是圓筆，刀意不顯，而且點劃的提按變化往往並不突出，形式上與篆書有相通之處。因此，參用篆書的筆墨技巧來寫《石門銘》一路的北碑，往往能避免以筆擬刀所帶來的種種弊端。而對大多數並未深究篆法的書家來說，取法顏體則成了一條最為簡便的途徑。顏字本身根柢篆隸，行草有濃郁的篆籀氣息。從具體的形式技巧看，這主要表現為多圓轉而少方折，多中鋒而少側鋒。這使得書寫時推進節奏比較迅速，雖是行書而有狂草的縱橫奔逸，具有很強烈的動感，對於『勢』的綿延流動有很強的表現力。這些特點，同時又使得顏體在熔鑄碑帖以及碑體楷書的行書化方面，具有了自己獨特的優勢。顏體與康氏所選擇的北碑，在技術層面上的特點極有相似之處。用顏體筆法來寫圓筆一路的北碑，納帖法於碑體之中，既避開了刀、筆之間的矛盾，同時也為解決碑帖兼融問題找到了一條成功之路。有意思的是，在熔鑄碑帖方面卓有建樹的清代書家如何紹基、趙之謙、楊守敬以及汲取了北碑營養而不以北碑面目出現的翁同龢等，在傳統行草書法方面的底子，都主要是顏真卿的。康有為的碑體書法，筆法上也主要得益于顏魯公。只不過他早年習書，雖然也接觸過顏體（如《顏家廟》），但對顏體筆法的掌握，卻是得之于九江先生的傳授。因此，康體書法的筆法淵源，主要仍應歸於朱九江。

朱九江先生的書法，得之于黎簡、謝蘭生，以歐為骨，以顏為神，晚年專精魯公《爭坐位》，淵源深邃。書作多力豐筋，雄厚渾樸，筆短意長，老辣蒼勁。康南海的書法，取徑北碑，尤著力于《石門銘》及雲峰山諸摩崖石刻，又借鑒古今書家如北宋陳摶、清代鄧石如、包世臣、伊秉綬、張裕釗等，廣搜博涉，融為一家。所作碑體書法，純取北碑圓筆一路，瘦勁挺拔，筆勢舒放，雄奇恣肆。二氏書法風格看似迥異，而內在筆法及精神則是一脈相承，均取法于顏魯公，以圓筆中鋒為歸。可證二氏薪火相傳，神理無二。九江與南海，源流相繼，傳承有緒。

贊曰：九江淵深，樸厚如象；南海恣肆，矯健若龍。溯跡江源，其流深遠；匯成海闊，始見汪洋。後來居上，古今一理。中華書藝，永世無疆。

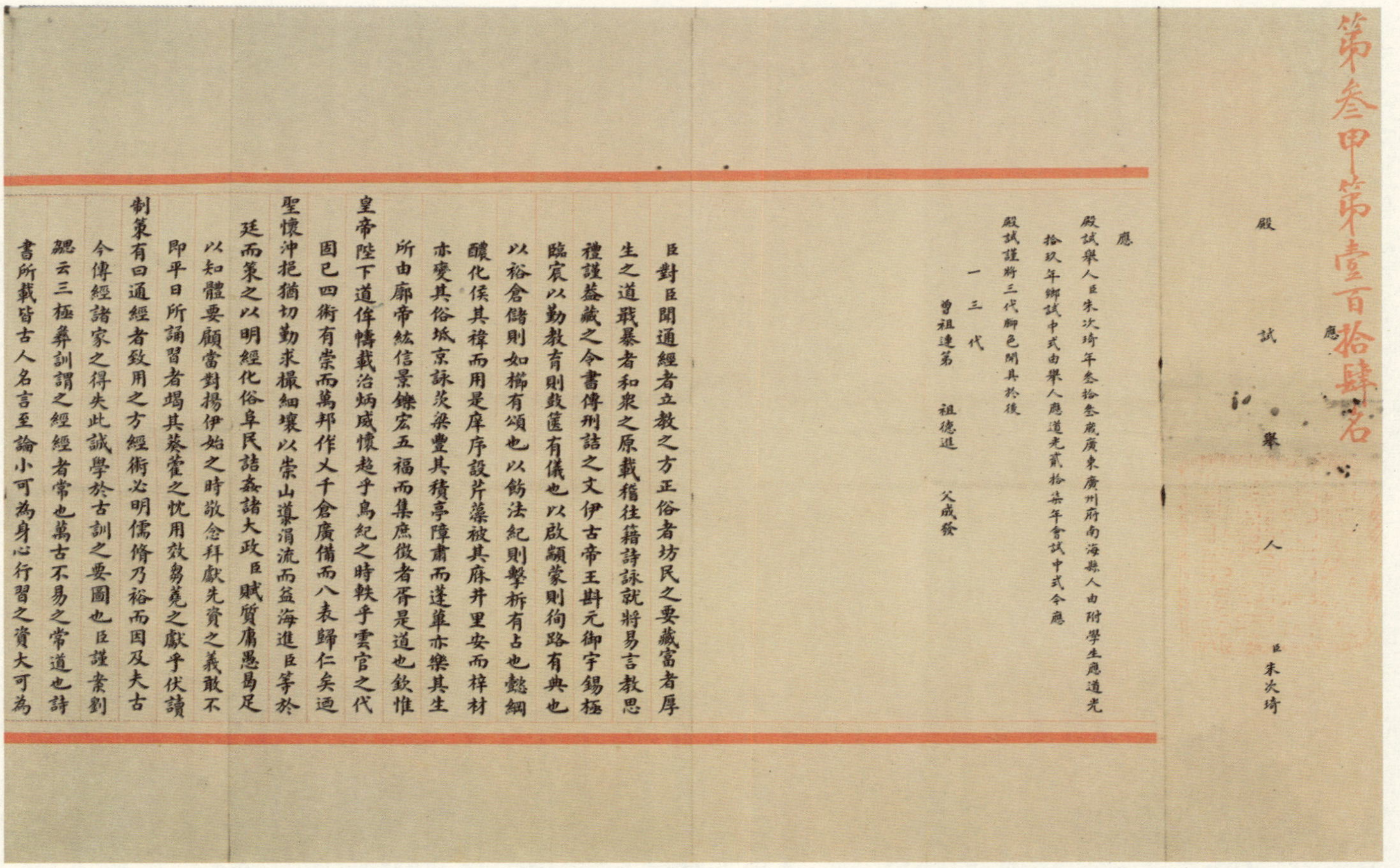
第叁甲第壹百拾肆名
殿試舉人 臣朱次琦
應
殿試舉人臣朱次琦年叁拾叁歲廣東廣州府南海縣人由附學生應道光
拾玖年鄉試中式由舉人應道光貳拾柒年會試中式今應
殿試謹將三代脚色開具於後
一 三 代
曾祖連第 祖德進 父成發
臣對臣聞通經者立教之方正俗者坊民之要藏富者厚
生之道戢暴者和衆之原載稽往籍詩詠就將易言教思
禮謹蓋藏之令書傳刑詰之文伊古帝王剬元御宇錫極
臨宸以勤教育則敦厖有儀也以啟顓蒙則徇路有典也
以裕倉儲則如櫛有頌也以飭法紀則擊柝有占也懿綱
釀化僕其禕而用是庠序設芹藻被其麻井里安而梓材
亦變其俗坻京詠茨梁豊其積亭障肅而蓬蓽亦樂其生
所由廓帝紘信景鑠宏五福而集庶徵者胥是道也欽惟
皇帝陛下道侔幬載治炳咸懷超乎鳥紀之時軼乎雲官之代
固已四術有崇而萬邦作乂千倉廣備而八表歸仁矣迺
聖懷沖挹猶切勤求撮細壤以崇山纂涓流而益海進臣等於
廷而策之以明經化俗阜民詰姦諸大政臣賦質庸愚曷足
以知體要顧當對揚伊始之時敬念拜獻先資之義敢不
即平日所誦習者竭其葵藿之忱用效芻蕘之獻乎伏讀
制策有曰通經者致用之方經術必明儒脩乃裕而因及夫古
今傳經諸家之得失此誠學於古訓之要圖也臣謹案劉
勰云三極彝訓謂之經經者常也萬古不易之常道也詩
書所載皆古人名言至論小可為身心行習之資大可為

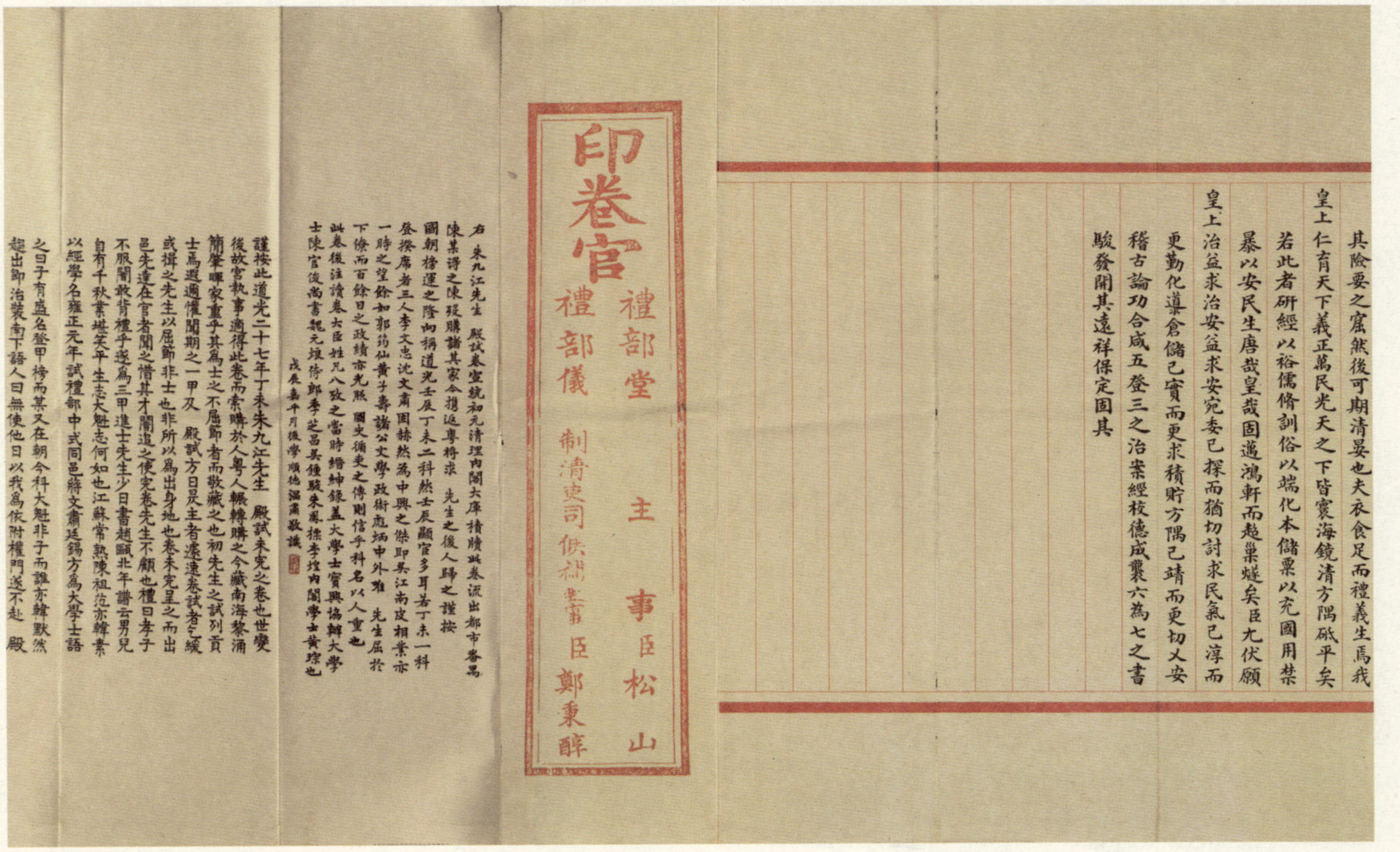
其險要之寔然後可期清晏也夫衣食足而禮義生焉我
皇上仁育天下義正萬民光天之下皆寰海鏡清方隅砥平矣
若此者研經以裕儒脩訓俗以端化本儲粟以充國用禁
暴以安民生唐哉皇哉固邁鴻軒而趨巢燧矣臣尤伏願
皇上治益求治安益求安宄姦已摒而猶切討求民氣已淳而
更勤化導倉儲已實而更求積貯方隅已靖而更切乂安
稽古論功合咸五登三之治崇經核德成囊六為七之書
駿發開其遠祥保定固其
印卷官
禮部堂 主 事臣松山
禮部儀制清吏司供補書臣鄭秉醇
右朱九江先生殿試卷宣統初元清理內閣大庫積牘此卷流出都市番禺
陳某得之陳殁贈諸其家今攜返粵將求 先生之後人歸之謹按
國朝榜運之隆尚稱道光壬辰丁未二科然壬辰顯宦多耳若丁未一科
登揆席者三人李文忠沈文肅閻赫然為中興之傑即吳江南皮相業亦
一時之望餘如郭筠仙黃子壽諸公文學政術彪炳中外雖 先生屈於
下僚而百餘日之政績亦光照 國史循吏之傳則信乎科名以人重也
此卷後注讀卷大臣姓氏八效之當時搢紳錄蓋大學士賓興協辦大學
士陳官俊尚書魏元烺侍郎季芝昌吳鍾駿朱鳳標李煌內閣學士黃琮也
戊辰嘉平月後學順德溫肅敬識
謹按此道光二十七年丁未朱九江先生殿試未完之卷也世變
後故宮執事適得此卷而索購於人粵人輾轉購之今藏南海黎湧
簡肇暉家重乎其為士之不屈節者而敬藏之也初先生之試列貢
士爲選適懽聞期之一甲及殿試方日昃主者遽速卷試者乞緩
或揖之先生以屈節非士也非所以為出身地也卷未完呈之而出
邑先達在官者聞之惜其才闇追之使完卷先生不顧也禮曰孝子
不服闇敢背禮乎遂爲三甲進士先生少日書趙甌北年譜云男兒
自有千秋業堪笑平生志大魁志何如也江蘇常熟陳祖范亦韓素
以經學名雍正元年試禮部中式同邑蔣文肅廷錫方爲大學士語
之曰子有盛名登甲榜而某又在朝今科大魁非子而誰亦韓默然
趨出即治裝南下語人曰無使他日以我爲依附權門遂不赴殿

朱次琦殿試卷（局部）

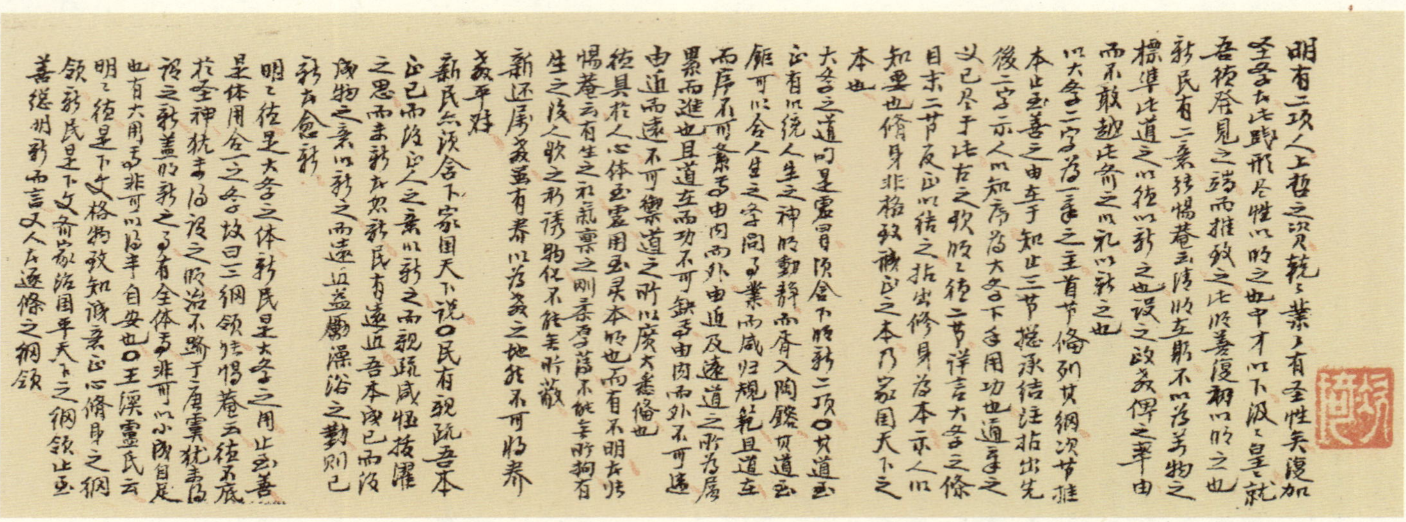

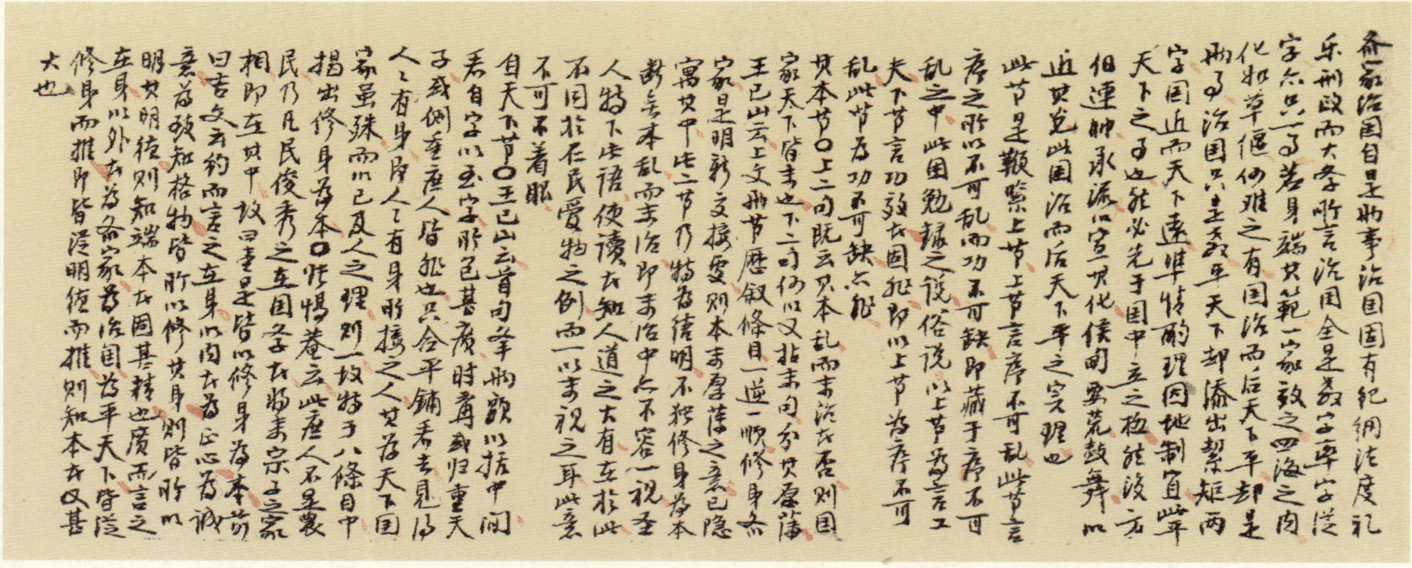

朱次琦眉批《四書體註合講》（局部原大）

商承祚書《千秋亭记》跋

後記（之二）

本次發表先賢書翰兩種，一爲家父藏朱次琦家書十六通，附九江先生批閱諸生課業五則。一是康有爲致祖父箋牘五通。

朱九江之箋墨十六函，父親得於一九五二年廣州西關，地名西來初地某古玩店。購時此批信函已裝裱成冊，排列次序亦定甲乙；次琦便柬無署年月，無法再依次整理。此次發表仍如其舊，僅知最後一函，即第十六函，據史料考據，乃於光緒七年七月二十日，書爲清廷恩賜正五品（奉政大夫）卿銜事，後歷五閱月而仙馭，實爲晚年之作。此子襄親書雖多言衣食穿章，閒暇瑣事，亦夥隻字片牘、簡短數語，然其中多少深長。書簡信筆揮灑，雖屬暮年，筋骨勁健，或瀟然神飛，跌宕起伏；或端莊凝重，沉雄蒼勁，隨意發揮，任其自然，顯出朱九江先生那種堅強之氣質。

康南海致祖翁共六函，排序第一函署名『乙未』，即一九一九年，其餘未署年歲，知乃談其母勞太夫人遷葬事，寫於一九一九至一九二〇年間。時祖父居白下，於一九一七年任職江蘇督軍署，爲督軍齊燀琳客卿，因公務時常接觸；與金陵道尹俞紀琦，於官場亦有交往。祖君與康有爲雖不屬同科，卻同爲進士出身，故互稱同年、互道年兄，早年兩人同主改革維新，亦屬志同。雖在書法學術並不道合，尤其是張勳復辟，康氏呼應支持，祖父對其有所抨擊，從《藻亭日記》之己未年五六月記敘，可知一斑。然兩人同鄉、同年之誼，至爲淳厚，故對托辦遷葬事，祖父爲之多方奔走，諸多疏通，盡力而爲，使康母遷葬順利進行，鑒於當時政局之故，只能低調。

此五函乃康太史晚期所書，從中可見，其以魏碑式行草，個中帶有顏體韻味，用筆嫻熟暢達，且呈現自由不羈的脫灑氣質，更使感受溢於筆下的縱橫雄奇宕逸之勢，耳目爲之一新。

這次發表的是祖親藏康有爲信函、父尊藏朱次琦札翰，商氏父子兩人弆藏九江師生一門柬帖，且均在中國近現代文苑上享有盛名。這雖是一種偶然的巧合，卻又是中國書壇的一段佳話。

商志馥恭記中大蒲園

二〇〇七年嘉平之月